MW00737346

El mejor regalo

(Pensamientos, frases y consejos
filosóficos para la vida)

22

El mejor regalo
(Pensamientos, frases y consejos filosóficos para la vida)

Editorial Epoca, S.A. de C.V.
Emperadores 185
03300 México, D.F.

El mejor regalo
(Pensamientos, frases y consejos filosóficos para la vida)
© Derechos reservados 1994 por Juan Pablo Valdés R.
© Por Editorial Epoca, S.A. de C.V.
Emperadores 185
03300 México, D.F.
I.S.B.N. 970 627 073-6

Las características tipográficas de esta obra
se encuentran protegidas por las leyes del derecho de autor.
Se prohibe su reproducción parcial o total
sin el consentimiento previo y por escrito de la Editorial.

Impreso en México - Printed in Mexico

Indice

El amor lo puede todo.

Virgilio.

El amor

Aunque hablara las lenguas de los hombres y de los ángeles, si no tengo amor, soy como bronce que suena o címbalo que retiñe.

Aunque tuviera el don de profecía, y conociera todos los misterios y toda la ciencia, aunque tuviera plenitud de fe como para trasladar montañas, si no tengo amor, nada soy.

Aunque repartiera todos mis bienes, y entregara mi cuerpo a las llamas, si no tengo amor, nada me aprovecha. El amor es paciente, es servicial; no es envidioso, no es jactancioso, no se engríe;

Es decoroso; no busca su interés;

No se irrita; no toma en cuenta el mal;

No se alegra de la injusticia; se alegra con la verdad.

Todo lo excusa. Todo lo cree. Todo lo espera. Todo lo soporta.

El amor no acaba nunca.

**Sagrada Biblia.
Corintios 13.**

*El placer del amor estriba en el hecho de amar:
"Somos más felices con la pasión que sentimos
que con la que inspiramos"*

La Rochefoucauld.

Cuando el amor llegue, seguidlo.

Aun cuando sus veredas sean arduas y difíciles y cuando os veáis envueltos bajo sus alas, entregáos a él, aunque la espada que oculte bajo su plumaje os hiera.

Y cuando os hable, creed en él, aunque vuestros sueños sean sacudidos por su voz, así como el viento del norte destroza el jardín.

Porque así como el amor os recompensa, también os crucificará. Así como os hace crecer y prosperar, también os frenará después.

Así como asciende a vuestras alturas y de vuestras ramas acaricia las más delicadas que bajo el sol tiemblan. Asimismo, descenderá hasta vuestras raíces, y las sacudirá, por más arraigadas que estén en la tierra.

Todas estas cosas hará el amor con vosotros, para que conozcáis los secretos del corazón, y en este conocimiento, lleguéis a ser un fragmento del corazón de la vida.

El amor no da más que para sí mismo, y no toma más que de sí.

El amor no posee nada, y no quiere que alguien lo posea; porque el amor se colma con el amor.

Gibrán Jalil Gibrán.

LA SINCERIDAD ES AMOR

Detrás de todos esos rostros extraños.

Solamente necesitamos desenmascararnos.

Y dejar que surjan la belleza, el poder y la gloria.

Podemos amar tanto y tan bien.

Que los minutos vuelen, y los días sean largos.

Ya que amar es ser sincero y ser sincero es amar.

El amor no mira con los ojos, sino con el espíritu; por eso pintan ciego al alado Cupido.

William Shakespeare.

La rosa es más bella bañada por el rocío de la mañana, y el amor es más hermoso humedecido por las lágrimas.

Walter Scott.

MATRIMONIO UNIDO

Señor, y sucedió una vez que sobre la tierra desnuda y virgen brotó de improviso una flor hecha de nieve y fuego.

Fue llama que extendió un puente de oro entre las dos riberas, guirnalda que engarzó para siempre nuestras vidas y nuestros destinos.

Señor, Señor, fue el amor con sus prodigios, ríos esmeraldas e ilusiones.

¡Gloria a Ti, horno incandescente de amor!

Pasó el tiempo, y en el confuso esplendor de los años la guirnalda perdió frescor, y la escarcha envolvió a la llama por sus cuatro costados; la rutina, sombra maldita, fue invadiendo, sin darnos cuenta, y penetrando todos los tejidos de la vida.

Y el amor comenzó a invernar.

Señor, fuente de amor; sé Tú en nuestra casa lámpara y fuego, pan, piedra y rocío, viga maestra y columna vertebral.

Restaña las heridas cada noche y renazca el amor cada mañana como fresca primavera.

Sin ti nuestros sueños rodarán por la pendiente. Sé Tú para nosotros escarlata de fidelidad, espuma de alegría, y garantía de estabilidad.

Mantén, Señor, alta como las estrellas, en nuestro hogar la llama roja del amor, y la unidad, como río caudaloso, recorra e irrigue nuestras arterias por los días de los días.

Sé Tú, Señor Dios, el lazo de oro que mantenga nuestras vidas incorruptiblemente entrelazadas hasta la frontera final y más allá.

Cuenta la leyenda que un hombre anciano que tenía dos hijos sufrió la inmensa pena de verlos marchar hacia la guerra, donde por desgracia ambos murieron sin que éste tuviera conocimiento de ello.

Al ser sorprendido por una enfermedad de consecuencias fatales, pidió en el ministerio de guerra mandaran por alguno de sus hijos, pues no quería morir sin despedirse aunque fuera de alguno de ellos, pues era toda la familia que el anciano poseía.

El teniente encargado de avisar acerca de las defunciones en el frente, se sintió incapaz de darle a conocer las amargas noticias que sobre sus hijos tenía, por lo que lo consoló asegurándole que mandaría buscarlos, confiando en que la muerte le sorprendería anticipadamente.

Así pasaron algunos días durante los cuales el teniente había olvidado el incidente, mas al tener que ir a pasar revista al hospital de la localidad, mucho lo entristeció encontrarse al anciano que en estado agónico deliraba por tener a alguno de sus hijos a su lado.

Se acercó al médico de guardia y le preguntó por la condición del anciano, a lo que éste contestó:

"Es cuestión de muy poco tiempo".

El oficial se acercó al lecho del moribundo y tomándole la mano le dijo:

"Padre, estoy aquí, he vuelto".

El anciano tomó con fuerza aquella noble mano y entreabrió los ojos dibujándosele en el rostro una sonrisa de paz que lo acompañó hasta que entregó su alma al Creador.

SIN EL VERANO DE TU AMOR

Me quedé sin el verano de tu amor.

Los grises años de tu ausencia dibujaron finos pliegues sobre la lozanía de mi piel.

Hoy, el invierno ha quemado la flor de mi nostalgia.

...Al filo de la luna mutilé tus recuerdos, sangró la sombra de tus besos y vino a mí la magia del olvido.

Antonia Robles.

— ● —

El amor sin matrimonio es como un ave viajera posada en el mástil de un barco. Por mi parte, prefiero un frondoso árbol verde con firmes raíces y lugar entre sus ramas para un nido.

Juan Pablo Richter.

— ● —

La sabiduría se adquiere prestando atención y el arrepentimiento hablando.

YO Y TU...

Yo quiero amarte sin confundirme contigo; escucharte siempre sin juzgarte; aceptarte sin condición alguna; saber acompañarte, sin invadir tu intimidad.

A veces convencerte, pero ¡nunca vencerte!

Invitarte sin imponerte mi preferencia; siempre apreciarte sin calificarte, y aprender a corregirte sin hacerte sentir mal.

Ayudarte sin humillarte.

Apoyarte sin hacerte minusválido.

Poder apartarme de ti sin sentirme culpable y que tú puedas alejarte de mí sin que yo te culpe.

Ser yo siempre contigo y dejarte ser siempre tú sin estorbar tu personal proyecto.

Aceptar lo que tú me quieras dar y poder darte lo que esperas de mí.

Así. Sin fingimientos, ni temor ni culpa.

¡Podremos caminar juntos y libres por la vida hacia la eternidad!

Gerardo Canseco.

Sólo el amor puede hacer del dolor una felicidad.

Dostoievski.

A MI ESPOSA

Juntos subimos la cuesta de la vida. Juntos estuvimos siempre en el dolor y en la alegría. Paseamos de la mano por los jardines floridos de la primavera. Dormimos junto al fuego en los inviernos. Unidos vamos hacia lo invisible.

Mezclaste tu ser al lado mío, en los años y en los hijos. Tenías una voz, un cuerpo, una mirada. Ahora te has vuelto múltiple. Ahora tu vida florece en cada uno de nuestros hijos. En todos ellos recobras tu juventud y me brindas tus encantos.

Llegamos a la cumbre y descendemos por el lado opuesto. Sucederá algún día la extraña cosa de la separación. Con sus gemidos, uno llamará al otro. ¡No olvide el que se quede unos días más en la tierra que la muerte es una ilusión de los sentidos!

C. Vigil.

Todo el que ha estado enamorado sabe que la pasión es más fuerte y el apetito más débil durante la ausencia del ser amado, y que con su presencia ocurre al contrario.

S.T. Coleridge.

El verdadero amor supone siempre la renuncia a la propia comodidad personal.

Tolstoi.

SIEMBRA DE AMOR

Levántate, sembrador. Es la hora de que comiences la tarea.

La campana del cielo vibra cada vez más cerca, y ya resuena en el amanecer.

Adelante y detrás de ti está lo infinito. Arriba y debajo de ti está lo infinito.

Prende la luz de tu espíritu. Enciende el fuego de tu corazón.

Que tus pasos retumben en las concavidades de la tierra.

Que su matriz se estremezca para recibir tu siembra.

Tu mano reproduzca el movimiento de tu corazón.

Empuja la soledad. Quiebra el silencio y avanza.

Siembra, como El te dijo, la palabra del bien y del amor.

Día llegará en que tu siembra se levante como una bendición sobre la tierra.

—●—

"El más grande obstáculo para el amor,
es el temor secreto de no ser dignos de ser amados."

AMEMOS

Si nadie sabe ni por qué reímos
ni por qué lloramos;
si nadie sabe ni por qué vinimos
ni por qué nos vamos.

Si en un mar de tinieblas nos movemos,
si todo es noche en derredor y arcano,
¡a lo menos amemos!
¡quizá no sea en vano!

Amado Nervo.

El amor es hijo de la libertad, nunca del dominio.

EL VALOR DEL AMOR

Con amor a Dios y al prójimo podemos "comprar" bienestar espiritual y material ilimitados.

¿No será bueno entonces atesorar afectos y amistades en lugar de dinero?

Porque no debemos limitarnos solamente a tener más,

hay que aspirar a ser más.

TE QUIERO

Te quiero no por lo que eres, sino por lo que soy yo, cuando estoy contigo.

Te quiero no por lo que has hecho de ti misma, sino por lo que estás haciendo conmigo.

Te quiero por la parte de mí que haces que emane.

Te quiero por poner tu mano en mi corazón y pasar por todas las cosas tontas, frívolas y débiles que no puedes evitar ver ligeramente, y por extraer a la luz todas las pertenencias radiantes y hermosas que nadie más había mirado lo suficientemente lejos para encontrarlas.

Te quiero por ignorar mis debilidades y por permanecer firmemente atado a las posibilidades de lo bueno que hay en mí.

Te quiero por cerrar tus oídos a mis discordancias y por agregar la música en mí, cuando tú amablemente me escuchas.

Te quiero porque me estás ayudando a hacer de mi madera, no una taberna sino un templo, y de mis palabras cotidianas no un reproche sino una canción.

Te quiero porque has hecho más que cualquier credo podría haber hecho para hacerme feliz.

Te quiero porque lo has hecho sin un toque, sin una palabra, sin una seña.

Lo has hecho, primero al ser tú misma y después de todo, quizás, *porque me amas.*

Anónimo.

El amor conyugal,

es un estar siempre en camino, camino que nunca acaba,
camino que es aventura, siempre nueva,
siempre capaz de enriquecernos.

Anónimo.

RECONOCER EL VERDADERO AMOR

Es tener:

Un interés genuino en la otra persona y en todo aquello que él o ella hacen.

Una comunidad de gustos, ideales y criterios sin enfrentamientos fuertes.

Una mayor felicidad al estar con esa persona y no con otras.

Un orgullo en la persona cuando se hacen comparaciones.

Una desdicha real cuando la otra persona está ausente.

Un gran sentimiento de camaradería.

Un deseo de dar y tomar.

Newell W. Edson.

Lo importante en el amor es saberse alejar, sin distanciarse.

Anónimo.

La amistad no tiene precio y no hay peso que mida su valor porque es remedio de vida.

La amistad

AMISTAD

La amistad es un afecto muy hondo; es un lazo muy estrecho; es un sentimiento desinteresado y recíproco; un cariño tan íntimo, tan firme, tan duradero, tan lleno de abnegación, que es capaz de cualquier sacrificio y llegar hasta el heroísmo.

En efecto; la verdadera amistad sólo se manifiesta después de algunos años de trato íntimo y de inequívocas pruebas de cariño y desinterés.

La amistad no se conquista, no se impone; se cultiva como una flor; se abona con pequeños detalles de cortesía, de ternura y de lealtad; se riega con las aguas vivas del desinterés y cariño silencioso. No importan las distancias, los niveles sociales, los años o las culturas. La amistad todo lo borra.

Aunque haya en el árbol de la naturaleza unas ramas más altas que otras, las almas igual nobleza tienen en el origen, y así puede haber amistad entre mayores y menores, pues las amistades nobles del alma proceden.

No se necesita ver frecuentemente al amigo para que la amistad perdure. Basta saber que éste responderá cuando sea necesario, con un acto de afecto, de comprensión y aun de sacrificio.

— ● —

Si en algo tienes tu reputación, procura que tus compañeros sean personas distinguidas, pues vale más estar solo que mal acompañado.

George Washington.

AMISTAD

—**Mi** amigo no ha regresado del campo de batalla, señor. Solicito permiso para ir a buscarlo—, dijo un soldado a su teniente.

—Permiso denegado—, replicó el oficial. —No quiero que arriesgue usted su vida por un hombre que probablemente ha muerto.

El soldado, haciendo caso omiso de la prohibición, salió, y una hora más tarde regresó mortalmente herido, transportando el cadáver de su amigo.

El oficial estaba furioso:

—¡Ya le dije yo que había muerto! ¡Ahora he perdido a dos hombres! Dígame, ¿merecía la pena ir allá para traer un cadáver?

—¡Claro que sí, señor!, cuando lo encontré, todavía estaba vivo y pudo decirme:

—*Juan... ¡estaba seguro de que vendrías!*

Anthony de Mello

"El amigo ha de ser como la sangre,
que acude luego a la herida sin esperar que la llame."

ACERCA DE LA AMISTAD

Un amigo es la respuesta a vuestras necesidades.

Es el campo que sembráis con amor y cosecháis con agradecimiento.

El es vuestra mesa y vuestro hogar.

Porque os aproximáis a él con vuestra hambre, y buscando la paz.

— • —

Cuando os alejéis de vuestro amigo, no sintáis aflicción, lo que en él más se ama, quizá sea más claro en su ausencia, como la montaña lo es desde la llanura para el montañés.

Y no permitáis que exista interés alguno en la amistad, a excepción de cuando signifique profundizar en el espíritu. Pues el amor que no busca sino la revelación de su propio misterio, no es amor, sino red centelleante que sólo al inútil pesca.

— • —

No busquéis al amigo para matar las horas con él.
Buscadle cuando dispongáis de horas por vivir.
Porque las suyas son para colmar vuestras necesidades, mas no vuestra futilidad.
Y que en la dulzura de la amistad haya sonrisas y comunión de placeres.
Pues en el rocío de las cosas pequeñas, el corazón encuentra el frescor de sus mañanas.

Gibrán Jalil Gibrán.

Damón, filósofo de Siracusa, que fue condenado a muerte por conspirar contra el tirano Dionisio, le concedió permiso para ir a un pueblo cercano a despedirse de su familia y dejar arreglados sus asuntos, a condición de que dejase de rehén un fiador, el cual sufriría la última pena en lugar de Damón si éste faltaba a su palabra de acudir a la hora fijada para la ejecución. Su entrañable amigo, el filósofo Fintias, se ofreció a quedar de rehén, y como Damón no se presentó a la hora fatal, él marchó gustoso al patíbulo y desde allí se dirigió al público diciendo que Damón era inocente de toda culpa; que tenía la seguridad de que habría sido detenido por alguna circunstancia, contra su voluntad, y que tal vez en aquel momento se hallaba en camino para ir a cumplir su palabra; pero que él, Fintias, no quería que se demorase la ejecución y moriría con gusto para salvar la vida de su inocente amigo.

Apenas acababa de hablar, oyóse una voz estentórea que de lejos gritaba: "¡Detenéos!", y vióse llegar a galope tendido un jinete que resultó ser el mismo Damón, el cual, subiendo al patíbulo, abrazó a Fintias y le dijo que su retraso en llegar era debido a que había reventado el caballo y tuvo que pedir otro prestado en el camino para poder llegar a tiempo de evitar el sacrificio de su amigo.

El tirano Dionisio se conmovió tanto al ver el altruismo de aquellos dos amigos, que no sólo perdonó a Damón, sino que rogó a ambos que le permitiesen ser partícipe de su amistad.

—— • ——

"La amistad es una planta que crece con lentitud, y tiene que aguantar las sacudidas de la adversidad antes de merecer su nombre."

George Washington.

UN AMIGO

Una publicación ofreció un premio por la mejor definición de amigo, y entre las miles de respuestas que se recibieron se encuentran las siguientes:

"Es uno que multiplica las alegrías, divide las penas y cuya honestidad es inviolable".

"Es uno que entiende nuestro silencio".

"Es un volumen de simpatía envuelto en tela".

"Es un reloj que late verdad todo el tiempo y nunca se descompone".

Aquí está la definición que ganó el premio:

"Un amigo es aquel que llega cuando todo el mundo se ha ido".

Anónimo

— ● —

Los amigos son como los libros: los hay buenos y los hay malos. Unos llevan por el camino de la virtud, y otros por el del vicio; unos son ilustrados, y otros no tienen ninguna ilustración; hay algunos vestidos con lujo y por dentro están plagados de perversas doctrinas, y otros de aspecto modesto y pobre atavío, llenos de nobles sentimientos y pensamientos elevados.

ORACION DE LOS AMIGOS

Señor, haz que yo comparta
la vida con mis amigos.
que yo les dé lo mejor de mí,
que los acepte y los ame como santo,
con las riquezas y limitaciones que tienen.
Que yo crezca con ellos,
con lo que tienen de bueno,
y con ellos cargue el peso de sus faltas,
animándolos a mejorar
con mi fraternidad.

Señor, que yo sea todo
para cada uno de ellos,
que a todos les brinde mi simpatía,
mi solidaridad,
mi tiempo, mis atenciones.
Que ellos siempre encuentren en mí
al verdadero amigo,
pues no quiero dar otra cosa
a no ser: Tú.

Señor, que siempre estés con nosotros,
y así siempre seremos verdaderamente amigos.

Anónimo.

— ● —

*"Los amigos son como los melones, para encontrar uno bueno,
hay que probar cien."*

DAR

Todo hombre que te busca va a pedirte algo.

El rico aburrido, la amenidad de tu conversación; el pobre, tu dinero; el triste, un consuelo; el débil, un estímulo; el que lucha, una ayuda moral.

Todo hombre que te busca, de seguro va a pedirte algo.

¡Y tú osas impacientarte! Y tú osas pensar: ¡qué fastidio!

¡Infeliz! La ley escondida que reparte misteriosamente las excelencias, se ha dignado otorgarte el privilegio de los privilegios, el bien de los bienes, la prerrogativa de las prerrogativas: ¡DAR! ¡Tú puedes dar!

¡En cuantas horas tiene el día, tú das, aunque sea una sonrisa, aunque sea un apretón de manos, aunque sea una palabra de aliento!

¡En cuantas horas tiene el día te pareces a El, que no es sino dación perpetua, difusión perpetua y regalo perpetuo! Debieras caer de rodillas ante el Padre y decirle: "¡Gracias porque puedo dar, Padre mío! ¡Nunca más pasará por mi semblante la sombra de una impaciencia!"

¡En verdad os digo que vale más dar que recibir!

Amado Nervo.

— ● —

"En la prosperidad es muy fácil encontrar amigos; en la adversidad no hay nada más difícil."

UN GRAN AMIGO

Un gran amigo es a quien siempre encontrarás.

Quien sufre cuando enfrentas golpes de la vida.

Quien no espera nada a cambio de su amistad.

Quien se acuerda de ti, aunque tú no lo hagas.

Quien se acerca a tu vida, tanto en las buenas como en las malas.

Un amigo es quien te enseña una faceta del amor.

Anónimo.

Un verdadero amigo es un alma en dos cuerpos.

Aristóteles.

La amistad es el más noble y humilde de los sentimientos que crece al amparo del desinterés encontrando su sitio junto al amor.

Porque la amistad es amor.

Hay dos clases de belleza: el encanto y la dignidad.
El encanto es la cualidad de la mujer, la dignidad es
la del hombre.

Cicerón

indicando a

El

El hombre y la mujer

EL BUEN HOMBRE

Cierta vez, dos hombres iban andando por un valle, y uno de ellos señalando con el dedo índice hacia la falda del monte, exclamó: "¿Ves esa ermita? Allí mora un hombre que desde hace tiempo se separó de la humanidad. Busca a Dios, y nada en esta tierra le importa.

Y el otro contestó: "Ese hombre nunca encontrará a Dios hasta que deje su ermita, y la soledad de la misma, y regrese a nuestro mundo a compartir de nuestra alegría y de nuestro dolor, a danzar con nosotros en las festividades de matrimonios, y a sollozar con los que sollozan al lado de los ataúdes de nuestros difuntos."

Y el otro hombre se persuadió en verdad. Sin embargo, a pesar de su persuasión respondió: "Estoy de acuerdo contigo en cuanto has dicho, pero considero que ese religioso es un hombre bueno. ¿Y no consideras que muy bien puede ser que un hombre bueno, con su alejamiento haga más bien a la humanidad que la presencia de todos esos hombres, que solamente son buenos en apariencia?"

Gibrán Jalil Gibrán.

"Tal es la naturaleza del hombre, que por el primer regalo se postra ante ti; por el segundo te besa la mano; por el tercero se muestra afectuoso; por el cuarto mueve la cabeza en señal de aceptación; por el quinto está demasiado acostumbrado; por el sexto te insulta y por el séptimo te demanda porque no le has dado lo que se merece."

Proverbio ruso.

EL HOMBRE Y LAS CIRCUNSTANCIAS

"Las circunstancias hacen a los hombres hábiles lo que ellos quieren ser, y pueden con los hombres débiles; los hombres fuertes las hacen a su placer o, tomándolas como vienen, sábenlas convertir en su provecho. ¿Qué son, por consiguiente, las circunstancias? Lo mismo que la fortuna: palabras vacías de sentido con que trata el hombre de descargar en seres ideales la responsabilidad de sus desatinos; las más veces, nada. Casi siempre el talento es todo."

De modo que el destino que tengas en esta vida más dependerá de tus propios esfuerzos que del azar, porque, como dice Cervantes, "cada uno es hijo de sus obras". Y también dijo San Pablo: "Cada cual recibirá su recompensa según su trabajo".

—●—

Los hombres son criaturas muy raras: la mitad censura lo que ellos practican, la otra mitad practica lo que ellos censuran; el resto siempre dice y hace lo que debe.

Benjamín Franklin.

Ser hombre es comprender la necesidad de adoptar una disciplina basada en principios sanos, y sujetarse por su propia y deliberada voluntad a esa disciplina.

Ser hombre es comprender que la vida no es algo que se nos ha hecho, sino que es la oportunidad para hacer algo bien hecho.

Hombres de esta talla y de esta alcurnia los necesita el mundo, los reclama cualquier país y los exige Dios.

Anónimo.

HOMBRE, LEVANTATE

Hombre, aunque solo sigue avanzando. Si los demás te abandonan continúa tu marcha, ilumina con tu luz la oscuridad que te rodea.

Hombre no le des mucha importancia a la edad de tu cuerpo, sé joven siempre. Ya que el espíritu no tiene edad y la mente nunca envejece.

Hombre sé solidario con tu patria y saldrás engrandecido. La patria es el conjunto de todos nosotros.

Hombre mira siempre el lado hermoso de la vida, no te canses nunca de hacer el bien. Sé optimista y vencerás.

Hombre sé fiel en el cumplimiento de tus deberes, realiza tus trabajos como si tu futuro dependiese de los mismos.

Hombre no desees los bienes que no te pertenecen y nunca te enriquezcas mediante la explotación de tu prójimo.

Hombre, sólo se necesitan dos elementos para triunfar en la vida: AMAR Y SERVIR.

Hombre camina alegre mientras vivas, haz el bien sin esperar nada a cambio para demostrar que tu amor es para todos.

El lugar que ocupa un hombre no se mide por los centímetros, ni éstos tampoco indican su verdadera estatura.

QUE ES SER REALMENTE HOMBRE

Ser hombre, no es ser nada más varón, simple individuo del sexo masculino.

Ser hombre es hacer las cosas, no buscar razones para justificar que no se pueden hacer.

Ser hombre es levantarse cada vez que se cae o se fracasa, en vez de explicar por qué se fracasó.

Ser hombre es ser digno, consciente de sus actos y responsable.

Ser hombre es trazarse un plan y seguirlo, pese a todas las circunstancias exteriores.

Ser hombre es saber lo que se tiene qué hacer, y hacerlo; saber lo que se tiene qué decir, y decirlo.

Ser hombre es levantar los ojos de la tierra, elevar el espíritu y soñar con algo grande.

Ser hombre es ser creador de algo: un hogar, un negocio, un puesto, un sistema de vida.

Ser hombre es entender el trabajo no como una necesidad, sino como un privilegio.

Ser hombre es ser honesto, sentir vergüenza de burlarse de una mujer, de abusar del débil, de mentir al ingenuo.

Ser hombre es saber decir: "me equivoqué", y proponerse no repetir la misma equivocación.

LO QUE NECESITAS

Como ser humano lo que más necesitas:

No es desarrollo material, sino desarrollo espiritual.

No es poder intelectual, sino poder moral.

No es tener conocimientos, sino tener carácter.

No es buen gobierno, sino buena cultura.

No son buenas leyes, sino honestidad.

No pensar en las cosas de la tierra, sino en las del cielo...

Anónimo

Hombre, sé alegre y optimista.

Cuando te dirijas a tu trabajo, hazlo dichoso. El trabajo que haces es digno de tu persona.

Aunque sea pequeño en apariencia, es de mucha responsabilidad para ti y para el mundo. Nunca olvides agradecer a Dios el trabajo que te proporciona el pan de cada día.

TU ESPEJO

Cuando obtengas lo que quieres en tu lucha por ganancias y el mundo te haga rey por un día...

Simplemente ve al espejo, mírate a ti mismo y ve lo que el hombre tiene que decirte.

No se trata de tu padre, madre o esposa por cuyo juicio debes pasar.

El veredicto de quien más cuenta en tu vida, es de quien te está mirando en el espejo.

Él es a quien debes satisfacer más que a todos los demás, ya que él está contigo hasta el final.

Y tú habrás pasado tu examen más difícil si el hombre del espejo es tu amigo.
Tú puedes ser aquel quien tuvo suerte, entonces piensa que eres alguien maravilloso.

Pero el hombre del espejo dice que sólo eres un fanfarrón si no puedes mirarlo directo a los ojos.

Puedes burlarte de todo el mundo a lo largo de los años y obtener palmadas en la espalda al pasar.

Pero tu premio final será ataques cardiacos y lágrimas si has engañado al hombre del espejo.

Anónimo.

MUJER

Dios, que estaba ocupado en crear a las madres, llevaba ya seis días trabajando extraordinariamente cuando un ángel se le presentó y le dijo:

"Te afanas demasiado, Señor."

Y el Señor le repuso:

"¿Acaso no has leído las especificaciones que debe llenar este pedido? Esta criatura tiene que ser lavable de pies a cabeza, pero sin ser de plástico; llevar 180 piezas móviles, todas reemplazables, funcionar a base de café negro y de las sobras de la comida. Poseer un regazo que desaparezca cuando se ponga de pie; un beso capaz de curarlo todo, desde una pierna rota hasta un amor frustrado... y seis pares de manos."

Y el ángel confundido observó:

"¿Seis pares de manos? Eso no es posible."

"No son las manos el problema, agregó el señor, sino los tres pares de ojos."

"Y eso, ¿para el modelo normal?", inquirió el ángel.

El Señor insistió; uno para ver a través de la puerta siempre que pregunte: "¿niños, qué andan haciendo?", aunque ya lo sepa muy bien. Ojos, detrás de la cabeza para ver lo que más valiera ignorar pero precisa saber. Y, desde luego, los de adelante para mirar a un niño en apuros y decirle, sin pronunciar siquiera una palabra: "ya entiendo, hijo, y te quiero mucho".

El ángel tiró de la manga y advirtió mansamente: "Vale más que te vayas a la cama, Señor, mañana será otro día..."

"No puedo, y además me falta poco. Ya hice una que se cura por sí sola cuando enferma, que es capaz de alimentar a una familia de seis con medio kilo de carne molida y de persuadir a un chiquillo de nueve años que se esté quieto bajo la ducha."

Lentamente el ángel dio la vuelta en torno de uno de los modelos maternales. "Me parece demasiado delicada", comentó con un suspiro.

"Pero es muy resistente", aseguró Dios emocionado, "no tienes idea de lo que es capaz de hacer y de sobrellevar".

"¿Podrá pensar?"

"¡Claro! y razonar y transigir."

Por último el ángel se inclinó y pasó una mano por la mejilla del modelo.

"¡Tiene una fuga!"

"No es una fuga, es una lágrima".

"Y ¿para qué sirve?"

"Para expresar gozo, aflicción, desengaño, pesadumbre, soledad y orgullo."

"Eres un genio, Señor", dijo el ángel.

Y Dios, con un perfil de tristeza, observó: "Yo no se la puse".

EL HOMBRE Y LA MUJER

El hombre es la más elevada de las criaturas, la mujer el más sublime de los ideales;

El hombre es el cerebro, la mujer el corazón; el cerebro fabrica la luz, el corazón el amor; la luz fecunda, el amor resucita;

El hombre es fuerte por la razón, la mujer es invencible por las lágrimas; la razón convence, las lágrimas conmueven;

El hombre es capaz de todos los heroísmos, la mujer de todos los martirios; el heroísmo ennoblece, el martirio sublima;

El hombre es un código, la mujer es un sagrario; el código corrige, el evangelio perfecciona;

El hombre es un templo, la mujer es un santuario; ante el templo nos descubrimos, ante el santuario nos arrodillamos;

El hombre piensa, la mujer sueña; pensar es tener en el cráneo una larva, soñar es tener en la frente una aureola;

El hombre es un océano, la mujer es un lago; el océano tiene la perla que adorna, el lago, la poesía que deslumbra;

El hombre es el águila que vuela, la mujer el ruiseñor que canta; volar es dominar el espacio, cantar es conquistar el alma;

En fin, el hombre está donde termina la tierra, la mujer donde comienza el cielo.

—●—

La gran ambición de las mujeres es inspirar amor.

Molière.

EL HOMBRE GIGANTE

Hay un gigante en el mundo.

Tiene manos que pueden levantar una locomotora sin el menor esfuerzo.

Tiene pies que pueden caminar millares de millas en un solo día.

Tiene alas que pueden transportarlo por encima de las nubes, a una altura mayor a la que puede volar un pájaro.

Tiene aletas tales que puede nadar sobre la superficie y por debajo del agua mejor que cualquier pez.

Tiene ojos que pueden ver lo invisible, oídos que pueden oír lo que está diciendo la gente al otro lado del mundo.

Es tan fuerte que puede atravesar las montañas y detener desenfrenadas cataratas en medio de la corriente.

Transforma al mundo de acuerdo con su conveniencia; planta bosques, une los mares, riega los desiertos.

¿Quién es este gigante?

Este gigante es el hombre.

— ● —

"Los animales de una misma especie difieren menos entre sí que unos hombres de otros."

Plutarco.

EL HOMBRE Y LA MUJER

Y dijo Dios: Hagamos al ser humano a nuestra imagen, como semejanza nuestra, y mande en los peces del mar y en las aves de los cielos, y en las bestias y en todas las alimañas terrestres, y en todas las sierpes que serpean por la tierra.

Creó, pues, Dios al ser humano a imagen suya, a imagen de Dios lo creó, macho y hembra los creó.

Sagrada Biblia.
Génesis 1-26.

— • —

Sin la mujer, al comienzo de nuestra vida nos hallaríamos desvalidos; a la mitad de ella sin placer, y al final, sin consuelo.

— • —

"Un mediano bienestar tranquilo es preferible a la opulencia llena de preocupaciones."

Proverbio árabe.

MUJER DESNUDA

Nevó toda la noche
sobre el jardín de tu cuerpo;
mas todavía hay rosas
y botones abiertos.

Las dóciles hebras sutiles
de la última rama del árbol
caen como lluvias de oro
sobre la firme blancura de los tallos.

Violetas,
que se ocultan
en la hierba de tus pestañas,
apasionadas y profundas.

Hay dos rosas dormidas
con turbador ensueño
en las magnolias impasibles
de tus senos.

Y más oro
en los muslos,
porque pinta el sol la seda
de los musgos.

Y tus pies y tus manos,
menudas y largas raíces,
ahondan la tierra
temblorosa de amor de los jardines.

Enrique González Rojo.

PARA ROSARIO

Dios te bendiga Rosario
por salvar a la mujer
tal vez todavía el camino
sea largo de recorrer
y el Eterno Femenino
no lo quiera aún entender.

Pero podemos ser libres,
independientes, pensantes.
Ni sumisas, ni amargadas
ni prostitutas, ni amantes.

Sin tenernos que quemar
en la hoguera del deber
sin tener que claudicar,
sin tenernos que vender.

Podemos desear, amar,
podemos servir, pensar.
Podemos darle la mano
al hombre que es nuestro hermano,
podemos darle la paz
a la otra mitad del mundo,
podemos darle amistad.

Sin que esto en nada mengüe
ni nuestra "femineidad"
tampoco la libertad
ni menos la dignidad.

Dulce Ma. Salas.

— ● —

*Cuando una mujer bella elogia la belleza de otra, podéis estar
seguros de que es más hermosa que la elogiada.*

La Bruyère.

MUJERCITA

Sé amable,   *pero no fácil*
Sé digna,   *pero no orgullosa*
Ríe,   *pero no a carcajadas*
Mira,   *pero con recato*
Sé tierna,   *pero no flexible*
Sé alegre,   *pero no frívola*
Conversa,   *pero con mesura*
Sé dulce,   *pero no empalagues*
Ama,   *pero con cautela*
Oye,   *pero no siempre creas*
Sé mujer,   *pero no muñeca*

Anónimo

¿QUE HOMBRE ES FELIZ?

El dinero sirve para procurar comodidades; pero la vida no ha de servir únicamente para procurar dinero.

Se le preguntó a un sabio:

—¿Qué hombre es feliz? ¿Qué hombre es desgraciado?

—Es feliz, —respondió—, el que ha comido y ha sembrado; infeliz el que ha muerto y no supo impedir que su dinero fuera estéril.

Anónimo

NO CAMBIES

Fui un neurótico por años, estaba ansioso, deprimido y era egoísta.

Todos me decían que cambiara.

Sentía antipatía por ellos y estaba de acuerdo con ellos, quería cambiar, pero no podía hacerlo por más que intentaba.

Lo que más me lastimaba era que, como los otros, mi mejor amigo insistía en que cambiara.

Entonces, me sentí débil y atrapado.

Pero un día, me dijo: "No cambies, te quiero tal y como eres".

Esas palabras fueron como música para mis oídos:

> *¡No cambies, no cambies, no cambies... te quiero tal y como eres!*

Me relajé, reviví y de pronto cambié.

Ahora sé que no podía cambiar realmente hasta que encontré a alguien que me quisiera, ya sea que cambiara o no.

Anónimo

¡Oh, las mujeres! Mucho debemos perdonarlas, porque aman mucho, y a muchos. Su odio, en realidad, sólo es amor vuelto del revés.

Enrique Heine.

EL MUNDO BUSCA HOMBRES

El mundo anda siempre en busca de hombres que no se vendan; de hombres honrados, sanos desde el centro hasta la periferia, íntegros hasta el fondo del corazón.

Hombres de conciencia fija e inmutable como la aguja que marca el norte. Hombres que defiendan la razón aunque los cielos caigan y la tierra tiemble.

Hombres que digan la verdad sin temor al mundo. Hombres que no se jacten ni huyan; que no flaqueen ni vacilen.

Hombres que tengan valor sin necesidad de acicate. Hombres que sepan lo que han de decir y lo digan; que sepan cuál es su puesto y lo ocupen; hombres que conozcan su trabajo y su deber y lo cumplan.

Hombres que no mientan, ni se escurran ni rezonguen, hombres que quieran comer sólo lo que han ganado y que no deban lo que llevan puesto.

O. Sweet M.

Me senté en la cima de la montaña para ver el resplandor del cielo; fue cuando me di cuenta de lo pequeño que era.

Santos Vergara Badillo.

Si quieres ver a tu hijo feliz un día, dale un regalo; si quieres verlo feliz toda la vida, enséñalo a amar.

M. Grün Berger

Padres e hijos

ORACION DEL PADRE

Ayúdame, Señor, a comprender a mis hijos, a escuchar pacientemente lo que quieren decirme y a responderles todas sus preguntas con amabilidad. Evítame que los interrumpa, que les dispute o contradiga.

Hazme cortés con ellos para que ellos sean conmigo de igual manera. Dame el valor de confesar mis errores y de pedirles perdón cuando comprenda que he cometido una falta.

Impídeme que lastime los sentimientos de mis hijos. Prohíbeme que me ría de sus errores y que recurra a la afrenta y a la mofa como castigo.

No me permitas que induzca a mis hijos a mentir o robar. Guíame hora tras hora para que confirme, por lo que digo y hago, que la honestidad es fuente de felicidad.

Modera, te ruego, la maldad en mí. Evítame que los incomode y cuando esté malhumorado, ayúdame, Dios mío, a callarme. Hazme ciego ante los pequeños errores de mis hijos y auxíliame a ver las cosas buenas que ellos hacen.

Oponte a que los castigue para satisfacer mi egoísmo. Socórreme para concederles todos los deseos que sean razonables y apóyame para tener el valor de negarles las comodidades que yo comprendo que les harán daño.

Hazme justo y ecuánime, considerado y sociable para mis hijos, de tal manera que ellos sientan hacia mí estimación. Hazme digno, Señor, de que sea amado e imitado por mis hijos.

Anónimo.

PAPA

Si el Ser Supremo te da un hijo, dale gracias, pero reconoce tu responsabilidad por el depósito que te confía.

Haz que hasta los diez años te quiera, hasta los veinte te admire y hasta la muerte te respete.

Hasta los diez años sé su maestro; hasta los veinte su padre; hasta la muerte su amigo.

Para enseñarlo a amar, demuéstrale que tú amas a tus semejantes.

Para enseñarlo a respetar, demuéstrale que respetas a tus semejantes.

Para que sepa luchar no lo critiques delante de nadie; dale tu apoyo para aceptar el fracaso, y tu entusiasmo para volver a luchar.

Entonces podrás sentir plena felicidad por la vivencia de la paternidad responsable.

Entonces podrás exclamar: He sido un verdadero padre para mis hijos. Y tus hijos, aprenderán a tener fe en Dios.

Eduardo González Campos.

Ama a tus padres; si te causan algunas ligeras incomodidades, aprende a soportarlas. El pago y el galardón que a tus padres dieres, aquel mismo debes esperar de tus hijos.

Tales De Mileto.

MI PADRE

Enrique, ¿cómo es posible?, tienes que jurarme que no volverá a pasar esto nunca mientras yo viva. Siempre que a una represión de tu padre te venga a los labios una mala respuesta, piensa en aquel día, que llegará irremisiblemente, en que tenga que llamarte a su lecho para decirte: "Enrique, te dejo. ¡Oh, hijo mío...!"

Cuando oigas su voz por última vez, y aun después por mucho tiempo; cuando llores en su cuarto abandonado, en medio de todos los libros que él ya no abrirá más, entonces recordando que alguna vez le faltaste al respeto, te preguntarás a tí mismo: "¿Cómo es posible?" Entonces comprenderás que él ha sido siempre tu mejor amigo, que cuando se veía obligado a castigarte sufría más que tú, y que siempre que te ha hecho llorar ha sido por tu bien; entonces te arrepentirás y besarás llorando aquella mesa sobre la cual ha trabajado y sobre la cual gastó su vida en bien de sus hijos.

¡No te manches jamás con tan horrible ingratitud! Piensa que aun cuando fueses bueno como un santo, no podrías nunca recompensar lo bastante por lo que ha hecho y hace continuamente por ti.

Ve, hijo mío, ve donde está tu padre; está trabajando en su cuarto. Ve de puntillas para que no te sienta entrar, ve a poner tu frente sobre sus rodillas y a decirle que te perdone y te bendiga.

"Tu Madre".

A MIS HIJOS

No tengo que decirles algo distinto que a los demás hombres. Sólo debo pedirles que me superen en rectitud.

Lo mejor que hallé en el mundo fue el trabajo. Cada cual en el suyo sirva a Dios, vivan con la inocencia del niño y la humildad del insecto y tengan el gozo del premio merecido por su obra.

Si me han entendido no me lloren a mi muerte pues debería compadecerlos por su ignorancia.

Sigan mi camino y yo iré con ustedes y podrán sentir mi presencia a su lado.

C. Vigil.

—●—

Patente prueba de sabiduría divina es el dolor inicial de la maternidad, que advierte claramente a la mujer de su destino.

—●—

Hijo mío, habla, con palabra sencilla y amorosa toma para ti la angustia que causaría a otros descifrar tu designio. Vierte lo que no sea amor en el arcano del silencio.

PADRE EN ORACION

Dame señor, un hijo que sea lo bastante fuerte para conocer cuándo es débil, y bastante valiente para enfrentarse a sí mismo al sentir miedo; que sea orgulloso e inflexible en la derrota; honorable, humilde y benigno en la victoria.

Dame un hijo cuyos deseos no ocupen el lugar de sus obras; un hijo que te conozca a ti y que sepa conocerse a sí mismo: esto es la piedra angular del conocimiento.

Condúcelo, te lo ruego, no por el camino del ocio y la comodidad, sino bajo el acicate y el peso de las dificultades y la oposición. Enséñalo a mantenerse firme en la tempestad y a tener compasión por los que fracasan.

Dame un hijo cuyo corazón sea diáfano, cuyas miras sean altas; un hijo que sepa gobernarse a sí mismo antes de pretender gobernar a otros; que sepa avanzar hacia el futuro sin olvidar nunca el pasado.

Y cuando le hayas dato todo eso, añade, te lo ruego, bastante sentido del humor para que pueda ser siempre serio, sin tomarse nunca demasiado seriamente; dale humildad, para que recuerde siempre la sencillez de la verdadera sabiduría y la mansedumbre de la verdadera fuerza.

Entonces yo, su padre, me atreveré a murmurar:

NO HE VIVIDO EN VANO.

Douglas McArthur.

UNA INICIATIVA DE AMOR SER PADRE

El padre ama cuando aun el hijo no le ama, es él quien ama primero.

El amor del padre se refleja en la mirada de su hijo.

Hay que tener conciencia de un deber más grande que el de tan sólo amarle Se trata de hacerlo eterno.

No estropees con horizontes raquíticos la prodigiosa creatividad del espíritu infantil. Tienes a tu hijo en tus manos de manera privilegiada, ábrelo a horizontes sin límites.

Tu hijo, cual capullo va desenvolviendo su vida al calor de tu cuidado, no le hagas nada que pueda hacer él mismo, aun con esfuerzo, tú tan solo impúlsalo, oriéntalo.

Cual cera virgen moldea a tu hijo, créale una voluntad firme, lánzalo más allá de él mismo.

Arranca el mal cuando lo encuentres, si lo dejas pasar causará grietas profundas; flaquear, comprometería la felicidad de tu hijo.

Ayuda a tu hijo a ir descubriendo de acuerdo al momento histórico que vive, su misión, su vida tendrá un sentido, así no se acogerá a cosas vanas.

Forja al hombre, sálvalo del miedo, que baje al pozo oscuro, para que al remontarlo diga que no encontró en él ningún misterio.

Empuja a tu hijo hacia una vida fuerte que entrañe dolores y alegrías, más tarde deberá enfrentarse tanto a borrascas como a mar sereno.

Lo bueno para tu hijo es que permanezca en el aquello de lo cual ha vivido: Las costumbres, las fiestas de familia, la casa de los recuerdos, la imagen de la madre, la del padre...

Ayuda a tu hijo a descubrir su misión en la vida, más adelante será el árbol frondoso a cuya sombra podrá acogerse el caminante.

Si has enseñado a tu hijo a admirar la belleza, la verdad, la nobleza de sentimientos, la bondad, la capacidad de amar, de olvidarse de sí mismo para pensar en los otros, le has enseñado a trascender las apariencias, le has enseñado lo que da valor a su vida...

Le has dado una sensibilidad moral.

Ser madre es destruirse para erigir un porvenir mejor. En este sacrificio reside la más alta sublimidad y la más pura belleza de la mujer.

COMO HIJO DE POBRE

Es absolutamente necesario que se comprenda el error de aquellos padres, que se proponen darle al hijo felicidad, como quien da un regalito.

Lo más que pueden hacer es encaminarlo hacia ella para que la conquiste.

Difícil, casi imposible, será después. Cuanto menos trabajo se tomen los padres en los primeros años, más... muchísimo más, tendrán en lo futuro.

Acostúmbralo, madre, a poner cada cosa en su sitio, y realizar cada acción a su tiempo. El orden es la primera ley del cielo.

Que no esté ocioso, que lea, que dibuje, que te ayude en alguna tarea, cuidar o componer alguna cosa; que te alcance ciertos objetos que necesites.

Bríndale, en fin, las oportunidades para que emplee sus energías, su actividad, su voluntad... y lo hará con placer.

Críalo como hijo de pobre y lo enriquecerás, críalo como hijo de rico, y lo empobrecerás para toda la vida.

Anónimo.

La buena o la mala conducta futura de un niño depende completamente de los padres.

PAPA Y MAMA

No me den todo lo que pido, a veces yo sólo pido para ver cuánto puedo obtener.

No me den siempre órdenes; si a veces me pidieran las cosas lo haría con más gusto.

Cumplan sus promesas; si me prometen un premio o un castigo, dénmelo.

No me comparen con nadie, si me hacen lucir peor que los demás, seré yo quien sufra. No me corrijan delante de los demás, enséñenme a ser mejor cuando estemos a solas.

No me griten, ya que les respeto menos cuando lo hacen y me enseñan a gritar.

Déjenme valerme por mi mismo o nunca aprenderé. Cuando se equivoquen admítanlo, y crecerá la opinión que tengo de ustedes.

Haré lo que con su ejemplo me enseñen, mas nunca lo que me digan y no hagan.

Enséñenme a conocer y a amar a Dios.

Cuando les cuente mis problemas, no me digan que no tienen tiempo; compréndanme y ayúdenme.

Quiéranme y háganmelo saber, pues me gusta cuando me lo dicen.

Gracias.

LOS NIÑOS APRENDEN LO QUE VIVEN

Si un niño vive con la crítica
            aprende a condenar.

Si un niño vive con hostilidad
            aprende a pelear.

Si un niño vive con el ridículo
            aprende a ser tímido.

Si un niño vive con pena
            aprende a sentirse culpable.

Si un niño vive con el aliento
            aprende a tener confianza.

Si un niño vive con alabanza
            aprende a apreciar.

Si un niño vive con la justicia
            aprende a tener fe.

Si un niño vive con la aprobación
            aprende a quererse.

Si un niño vive con la aceptación y la amistad
            aprende a encontrar el amor en el mundo.

Dorothy Law Nolte.

— • —

La mejor manera de ganar es reconocer que se puede perder.

LO QUE PIENSA EL HIJO DEL PADRE

A los siete años:
Papá es un sabio, todo lo sabe.

A los catorce años:
Me parece que papá se equivoca en algunas
de las cosas que me dice.

A los veinte años:
Papá está un poco atrasado en sus teorías,
no es de esta época.

A los veinticinco años:
El viejo no sabe nada... está chocheando decididamente.

A los treinta y cinco años:
Con mi experiencia, mi padre a esta edad
hubiera sido millonario.

A los cuarenta y cinco:
No sé si ir a consultar con el viejo este asunto,
tal vez pueda aconsejarme.

A los cincuenta y cinco:
Qué lástima que se haya muerto el viejo
la verdad es que tenía unas ideas y una
clarividencia notables.

A los setenta años:
¡Pobre papá, era un sabio!, ¡qué lástima que yo lo haya
comprendido tan tarde!

En verdad siempre me quiso mucho.

LOS NIÑOS

Los niños vienen en tamaños, pesos y colores surtidos. Se les encuentra dondequiera: encima, debajo, dentro, trepando, corriendo, saltando. Las mamás los adoran, las niñas los odian y las hermanas y hermanos mayores los toleran; los adultos los desconocen y el cielo los protege. Un niño es la verdad con la cara sucia, la sabiduría con el pelo desgreñado, la esperanza del futuro con una rana en el bolsillo.

Un niño tiene el apetito de un caballo, la digestión de un tragaespadas, la energía de una bomba atómica, la curiosidad de un gato, los pulmones de un dictador, la imaginación de Julio Verne, la timidez de una violeta, la audacia de una trampa de acero, el entusiasmo de una chinampina, y cuando hace algo, tiene cinco mil pulgares en cada mano.

Le encantan los dulces, las navajas, las sierras, la Navidad, los libros con láminas, el chico de los vecinos, el campo, el agua (en sus estados naturales), los animales grandes, papá, los trenes, los domingos por la mañana y los carros de bomberos.

Le desagradan las visitas, la doctrina, la escuela, los libros sin láminas, las lecciones de música, las corbatas, los peluqueros, las muchachas, los abrigos, los adultos y la hora de acostarse.

Nadie más que él se levanta tan temprano ni se sienta a comer tan tarde. Nadie más puede embutirse en el bolsillo un cortaplumas oxidado, una fruta mordida, medio metro de cordel, un saquito de tabaco vacío, caramelos, seis monedas, una honda, un trozo de sustancia desconocida y un auténtico anillo supersónico con un compartimiento secreto.

Un niño es una criatura mágica; usted puede cerrarle la puerta del cuarto donde guarda las herramientas, pero no puede cerrarle la de su corazón; puede echarlo de su estudio, pero no puede echarlo de su pensamiento. Todo su poderío se rinde ante él. Es un carcelero, su amo, su jefe... El, un manojito de ruido, carita sucia; pero cuando usted llega a su casa por la noche, con sus esperanzas y sus ambiciones hechas pedazos, él puede remediarlo todo con dos palabras mágicas: "Hola papito".

El mejor hombre no es nunca el que fue menos niño, sino al revés.

LAS NIÑAS

Una niña nace con una aureola de brillo angelical del que siempre queda el suficiente halo de luz para cautivarnos el corazón, aunque se siente en el lodo, llore a todo volumen, haga una rabieta o camine por la banqueta presumiendo, después de haberse puesto las ropas y zapatos de mamá.

Ella puede ser la más cariñosa del mundo y también la más necia. Se le encuentra brincando, produciendo toda clase de ruidos que ponen los nervios de punta; cuando se le llama la atención se queda quietecita, humilde y con un brillo angelical en los ojos. Ella es la inocencia jugando en la tierra, la belleza echando maromas y también la más dulce expresión del amor materno cuando acaricia y duerme a su muñeca.

Las niñas vienen en cinco colores: negro, blanco, rojo, amarillo y café... lo curioso es que siempre usted obtiene su color favorito. Hay millones de niñas pequeñas y cada una tan preciosa como una finísima joya.

Cuando la crea Dios, utiliza una parte de la materia prima de muchas de sus criaturas: usa del ruiseñor los cantos, de la mulita la terquedad, del chango las monerías, los brincos del chapulín, la curiosidad y suavidad del gato, de la gacela la ligereza, de la zorra la astucia y a todo eso le añade la mente incomprensible y misteriosa de la mujer.

Le agradan los zapatos nuevos, las muñecas, los helados, los vestidos domingueros, las cosas para adornarse el pelo, el jardín de los niños, los pajaritos, la niña del vecino, jugar a la casita y la tiendita, las lecciones de baile, los libros de iluminar, el polvo, el perfume y los días de campo... No le gustan los perros grandes, los niños, ni que le peinen el pelo. Es la más ruidosa cuando usted está pensando en sus problemas, la más bonita cuando le ha hecho despertar, la más ocupada a la hora de dormir, la más seria e intratable cuando usted quiere que luzca frente a las visitas y la más coquetuela cuando usted ha resuelto que, definitivamente, otra vez no volverá a salirse con la suya. Nadie le da mayores aflicciones o alegrías, disgustos o satisfacciones o el más legítimo orgullo; sólo puede hacerlo una mezcla rara de la Caperucita Roja y el Ratón Miguelito.

Puede desarreglarle sus papeles de trabajo, el pelo, la cartera; hacerlo perder inútilmente tiempo y dinero y, precisamente, en ese momento aparece con su aureola angelical. Como por encanto se borra todo disgusto. A veces le parecerá una calamidad que lo desespera, lo pone de nervioso, con sus ruidos y travesuras; pero cuando usted siente que sus esperanzas están a punto de derrumbarse y parece que se le cierra el mundo y llega a pensar que es un tonto que merece fracasar, ella lo convierte en un rey cuando se sienta sobre sus rodillas, lo abraza, lo besa tiernamente y le dice muy quedito: "Papito, te quiero mucho".

La esperanza nos dice siempre que habemos de esperar un mejor mañana.

BRINDIS DEL BOHEMIO (EXTRACTO)

Sólo faltaba un brindis, el de Arturo, el del bohemio puro, de noble corazón y gran cabeza; aquel que sin ambages declaraba que sólo ambicionaba robarle inspiración a la tristeza.

Por todos estrechado alzó la copa frente a la alegre tropa desbordante de risa y de contento.

Los inundó en la luz de una mirada, sacudió su melena alborotada y dijo así, con inspirado acento:

Brindo por la mujer, mas no por esa en la que halláis consuelo en la tristeza resolvo del placer ¡desventurados!; no por esa que os brinda sus hechizos, cuando besáis sus rizos artificiosamente perfumados.

Yo no brindo por ella, compañeros, brindo por la mujer, pero por una, por la que me brindó sus embelesos y me envolvió en sus besos: por la mujer que me arrulló en la cuna.

Por la mujer que me enseñó de niño lo que vale el cariño exquisito, profundo y verdadero, por la mujer que me arrulló en sus brazos y que me dio en pedazos uno por uno, el corazón entero.

¡Por mi Madre! bohemios, por la anciana que piensa en el mañana como algo muy dulce y muy deseado, porque sueña tal vez, que mi destino me señala el camino por el que volveré pronto a su lado.

Por la anciana adorada y bendecida, por la que con su sangre me dio la vida y ternura y cariño; por la que fue la luz del alma mía y lloró de alegría, sintiendo mi cabeza en su corpiño.

Por esa brindo yo, dejad que llore, y en lágrimas desflore esta pena letal que me asesina.

Dejad que brinde por mi madre ausente, por la que llora y siente que mi ausencia es un fuego que calcina.

Por la anciana infeliz que gime y llora y que del cielo implora, que vuelva yo muy pronto a estar con ella; por mi Madre, bohemios, que es dulzura vertida en mi amargura y en esta noche de mi vida, estrella...

El bohemio calló, ningún acento profanó el sentimiento nacido del dolor y la ternura, y pareció que sobre aquel ambiente flotaba inmensamente, un poema de amor y de amargura.

G. Aguirre y Fierro.

LA FAMILIA

Enriquece la vida de los integrantes.

Hace el hogar adecuado para la presencia del Invitado Invisible.

Promueve la tolerancia, el entendimiento y la fe.

Ofrece guía a la juventud para darle significado y dirección.

Brinda fuerza contra el sufrimiento, la pena y la frustración.

Ofrece la conciencia de la unidad de la familia con Dios.

Anónimo.

MI MADRE

¡**E**nrique, faltaste al respeto a tu madre! ¡Que esto no suceda más Enrique mío! Tu palabra irreverente se me ha clavado en el corazón como un dardo. Piensa en tu madre, cuando años atrás estaba inclinada toda la noche sobre tu cama, midiendo tu respiración, llorando lágrimas de angustia y apretando los dientes de terror, porque creía perderte y temía que le faltara la razón; y con este pensamiento experimentarás cierta especie de terror hacia ti. ¡Tú, ofender a tu madre, a tu madre que daría un año de felicidad por quitarte una hora de dolor, que pediría limosna por ti, que se dejaría matar por salvar tu vida! Oye, Enrique mío: fija bien en la mente este pensamiento. Considera que te esperan en la vida muchos días terribles; el más terrible de todos será el que pierdas a tu madre. Mil veces, Enrique, cuando ya seas hombre fuerte y probado en toda clase de contrariedades, tú la invocarás, oprimido tu corazón de un deseo inmenso de volver a oír su voz y de volver a sus brazos abiertos para arrojarte en ellos sollozando, como pobre niño sin protección y sin consuelo. ¡Cómo te acordarás entonces de todas las amarguras que le hayas causado, y con qué remordimiento, desgraciado, las contarás todas!

El asesino que respeta a su madre aun tiene algo de honrado y algo de noble en su corazón; el mejor de los hombres que la hace sufrir o la ofende no es más que una miserable criatura. Que no salga nunca de tu boca una palabra dura para la que te ha dado el ser.

Yo te quiero, hijo mío; tú eres la esperanza más querida de mi vida; pero preferiría verte muerto que saber eres ingrato con tu madre. Vete, y por un poco de tiempo no me hagas caricias; no podría devolvértelas con cariño.

Tu padre.

HUECO DE AMOR

Siempre que haya un hueco en
   tu vida llénalo de amor.
   Adolescente, joven, viejo,
   siempre que haya un hueco en
   tu vida llénalo de amor.

   En cuanto sepas que tienes adelante
   de ti un tiempo baldío, busca el amor,
   no pienses: sufriré,
   no pienses: me engañará
   no pienses: dudaré
   ve simplemente, diáfanamente,
   regocijadamente en busca del amor.

   ¿Qué índole de amor?
   No importa; todo amor está lleno
   de excelencia y de nobleza,
   ama como puedas, ama a quien puedas,
   ama todo lo que puedas...
   pero ama siempre.

   No te preocupes de la finalidad
   de tu amor,
   él lleva en sí mismo su finalidad,
   no te juzgues incompleto porque no
   responden a tus ternuras, el amor
   lleva en sí, su propia plenitud.

   Siempre que haya un hueco en
   tu vida, llénalo de amor.

EL PARTIDO MAS IMPORTANTE

Toma el balón, hijo, y te nombro Quarter Back de tu equipo en el juego de la vida. Soy tu coach y te la doy tal como es. Sólo hay un calendario de juegos: dura toda la vida y es un solo juego.

Es un largo partido, sin tiempos fuera ni sustituciones. Tú juegas el partido entero toda tu vida. Tendrás un gran backfield y mandarás señales; pero tus otros tres compañeros, atrás de la línea, también tienen gran prestigio, se llaman: Fé, Esperanza y Caridad.

Jugarás detrás de una línea verdaderamente poderosa. De un extremo a otro de ella, se hallan: Honestidad, Lealtad, Devoción al deber, Respeto a ti mismo, Estudio, Limpieza y Buena conducta.

Los postes del gol, son las perladas puertas del Cielo. Dios es el réferi y único árbitro. El hace todas las reglas y no hay apelación contra ellas.

Hay diez reglas básicas. Tú las conoces como los Diez Mandamientos, y las aplicas estrictamente de acuerdo con tu propia religión. Hay también una regla fundamental: lo que tú quisieras que otros hicieran por ti, hazlo tú por ellos

En este juego, si llegas a perder el balón, pierdes también el juego. Aquí está el balón. Es tu alma inmortal, estréchala contra ti.

Ahora hijo: ¡Sal al campo y veamos qué puedes hacer con ella!

                                                    Vince Lombardi.

RESPETO AL NIÑO

El niño necesita libertad: "Más vale un barrendero feliz, que un juez o un gran político infeliz".

Con la mejor voluntad del mundo la gente es opresora. Lo que suele llamarse respeto, es una forma de miedo.

Hay que darle al niño de seis años el mismo respeto que al presidente de la nación. La función que cumple cada uno no tiene importancia. Todos somos necesarios.

El valor fundamental es ser feliz y buscar tu sitio en la vida.

Anthony de Mello.

Un padre mantiene a diez hijos, pero diez hijos no mantienen un padre.

Anónimo.

MEDIA COBIJA

Don Roque era ya un anciano cuando murió su esposa. Durante largos años había trabajado con ahínco para sacar adelante a su familia.

Su mayor deseo era ver a su hijo convertido en un hombre de bien, respetado por los demás, ya que para lograrlo dedicó su vida y su escasa fortuna.

A los setenta años Don Roque se encontraba sin fuerzas, sin esperanzas, solo y lleno de recuerdos.

Esperaba que su hijo, ahora brillante profesionista, le ofreciera su apoyo y comprensión, pero veía pasar los días sin que éste apareciera, y decidió por primera vez en su vida pedir un favor a su hijo.

Don Roque tocó la puerta de la casa donde vivía el hijo con su familia.

—¡Hola papá!, ¡Qué milagro que vienes por aquí!

—Ya sabes que no me gusta molestarte, pero me siento muy solo; además estoy cansado y viejo.

—Pues a nosotros nos da mucho gusto que vengas a visitarnos, ya sabes que *ésta es tu casa*.

—Gracias hijo, sabía que podía contar contigo, pero temía ser un estorbo. Entonces, ¿no te molestaría que me quedara a vivir con ustedes?, ¡me siento tan solo!

—¿Quedarte a vivir aquí?, sí... claro... pero no sé si estarías a gusto. Tú sabes, la casa es chica... mi esposa es muy especial... y luego los niños...

—Mira hijo, si te causo muchas molestias olvídalo. No te preocupes por mí, alguien me tenderá la mano.

—No padre, no es eso. Sólo que... no se me ocurre dónde podrías dormir. No puedo sacar a nadie de su cuarto, mis hijos no me lo perdonarían... o solo que no te moleste...

—¿Qué?

—Dormir en el patio...

—Dormir en el patio está bien.

El hijo de Don Roque llamó a su hijo Luis de doce años.

—Dime papá.

—Mira hijo, tu abuelo se quedará a vivir con nosotros. Tráele una cobija para que se tape en la noche.

—Sí, con gusto... ¿y dónde va a dormir?

—En el patio, no quiero que nos incomodemos por su culpa.

Luis subió por la cobija, tomó unas tijeras y la cortó en dos. En ese momento llegó su padre.

—¿Qué haces Luis? ¿Por qué cortas la manta de tu abuelo?

—Sabes papá, estaba pensando...

—¿Pensando en qué?

—En guardar la mitad de la cobija para cuando tú seas ya viejo y vayas a vivir a mi casa.

Anónimo.

El padre más feliz es aquel que sabe qué recordar del pasado, qué disfrutar del presente y qué planear para el futuro.

Anónimo.

TUS HIJOS

Tus hijos no son tus hijos,
son hijos de la vida,
deseosa de sí misma.

No vienen de ti, sino a través de ti
y, aunque estén contigo
no te pertenecen.

Puedes darles tu amor,
pero no tus pensamientos,
pues ellos tienen sus propios pensamientos.

Debes abrigar sus cuerpos,
pero no sus almas,
porque ellas viven en la casa del mañana,
que no puedes visitar ni siquiera en sueños.

Puedes esforzarte en ser como ellos,
pero no procures hacerlos semejantes a ti.

Porque la vida no retrocede,
ni se detiene en el ayer.

Tú eres el arco del cual tus hijos
como flechas vivas son lanzados.

Deja que la inclinación
en tu mano de arquero,
sea para la felicidad.

Gibrán Jalil Gibrán.

*El hombre que sabe gastar y ahorrar es el más feliz,
porque disfruta de ambas cosas.*

El dinero, el ahorro y los bienes materiales

EL VALOR DEL DINERO

Con el dinero podemos comprar: Una cama, pero no el sueño.
Libros, pero no inteligencia.
Comida, pero no apetito.
Adornos, pero no simpatía.
Una casa, pero no un hogar.
Medicinas, pero no la salud.
Lujos, pero no alegría.
Diversiones, pero no felicidad.
Un crucifijo, pero no un salvador.
Una iglesia, pero no el cielo.

Anónimo.

— ● —

La riqueza no depende del dinero que hayas acumulado.
El que tiene riquezas y no sabe ayudar al prójimo, es pobre.
El que guarda con avidez los dones recibidos de Dios, es pobre.
El que no sabe decir una palabra de aliento, o mostrar una sonrisa que estimule, es pobre.
Pero el que, teniendo poco o absolutamente nada, sabe darse para ayudar al prójimo, ese es rico, inmensamente rico.

¿**H**as nacido pobre? No importa. No te descorazones, que puedes llegar a ser rico. ¿Has nacido rico? Ten cuidado, no te envanezcas, que puedes llegar a verte en la pobreza.

Todo depende de la conducta que sigas, la rueda con que pintan a la Fortuna da continuamente vueltas, y sus rayas ahora suben, ahora bajan.

Ya que no hay nada tan variable como los bienes de este mundo, y que es preciso mucha perseverancia para alcanzarlos y mucha prudencia para retenerlos.

Por eso dijo Quevedo en una letrilla:

"Y, pues es quien hace iguales
al duque y al ganadero,
poderoso caballero
es don Dinero."

NOSOTROS MISMOS

Ven en busca de tu gente, ámalos
aprende de ellos,
planea con ellos,
sírveles.

Empieza con lo que tienen,
bástate de lo que saben,
pero para los mejores líderes
cuando su tarea se realiza,
su trabajo termina.

Y toda la gente comenta:

"Lo hemos hecho nosotros mismos".

Anónimo

POBRE HOMBRE RICO

En un día de tantos me encontré con una persona de esas que abundan:

UN POBRE HOMBRE RICO. Posee varios ranchos, bonos y acciones de diversas compañías, así como una abundante cuenta de inversiones en el Banco, este POBRE HOMBRE RICO del que hablo se angustia por lo que paga en el supermercado de comestibles, por los altos costos de la electricidad y el gas, por las peticiones de aumento de sueldo de sus empleados, por el pago de colegiaturas de sus hijos y por todo lo que signifique sacar algunas monedas extras del bolsillo; sospecha de todo el mundo y se preocupa demasiado por lo que tiene, lo que por cierto le parece poco.

En fin, tiene los síntomas e inconvenientes de la pobreza que sufre su sirvienta, y más. ¿Qué diferencia hay entre él y un pordiosero?

La pobreza no es carencia de cosas; es un estado de ánimo. No son ricos los que tienen todo en abundancia. Sólo se es rico cuando el dinero no le preocupa a uno. Si usted tiene dos pesos y no se lamenta de tener más, es más rico que el que tiene dos millones y no puede dormir porque no tiene cuatro.

Pobreza no es carencia; es la presión de la carencia. La pobreza está en la mente, no en el bolso.

El dinero tiene como única finalidad el proporcionar comodidad, alejar los miedos y permitir una vida de libertad espiritual. Si no se sabe disfrutar de estas ventajas, no importa lo que se tenga, se sigue siendo pobre.

Por el contrario, si usted aprende a gozar de esa sensación de libertad, esa confianza en el futuro, esa idea de abundancia que se dice proporciona el dinero, será rico aunque sea pobre.

El dinero en sí no significa nada. Su verdadero valor reside en lo que con él podamos realizar en favor de los demás, además de nosotros mismos. Esta es, a nuestro juicio, la doble y auténtica finalidad del dinero.

Frank Crane.

— ● —

Nada prueba mejor un carácter estrecho y ruin que el amor al dinero, y nada es más noble y excelso que despreciarlo, si no se tiene, y emplearlo, cuando se tiene, en forma benéfica y generosa.

Cicerón.

— ● —

El ahorro consiste en poner cuidado y escrúpulo al gastar los medios de que se dispone. No es una virtud y no requiere destreza ni talento.

Kant.

— ● —

La fortuna es como un vestido: Muy holgado nos embazara y muy estrecho nos oprime.

— ● —

No es pobre el que tiene poco, sino aquel que, teniendo mucho, desea todavía tener más. ¿Quieres ser rico? Pues no te afanes en aumentar tus bienes, sino en disminuir tu codicia.

Epicuro.

EL AHORRO

Cierto chico yendo por una carretera con su padre no quiso agacharse para recoger una herradura que había en el camino. Su padre se regresó y la tomó y al llegar al siguiente pueblo la vendió a un herrero por dos monedas.

Con ese dinero compró un kilogramo de uvas, fruta que le gustaba mucho a su hijo, siguieron por el camino y al poco rato el hijo le pidió algunas uvas a su padre el cual se las daba dejándolas caer de una en una y de trecho en trecho. Cuando el chico sació su apetito le dijo su padre: ¿Ves hijo mío? si te hubieras agachado una sola vez para recoger la herradura, no hubieras tenido que agacharte tantas veces para coger las uvas. Ni hubieras tenido uvas si yo no hubiera recogido la herradura que tú desperdiciaste.

Todo lo que no se da, se pierde.

VIVE TU TIEMPO

Date tiempo para trabajar:
   es el precio del triunfo.

Date tiempo para pensar:
   es la fuente del poder.

Date tiempo para jugar:
   es el secreto de la eterna juventud.

Date tiempo para leer:
   es el fundamento de la sabiduría.

Date tiempo para ser amigo:
   es el camino de la felicidad.

Date tiempo para soñar:
   es atar tu carreta a una estrella.

Date tiempo para amar y ser amado:
   es el privilegio de los dioses.

Date tiempo para mirar alrededor:
   el día es muy corto para ser egoísta.

Date tiempo para reír:
   es la música del alma.

Anónimo.

CONVÉNCETE

Convéncete de que la felicidad no la da el dinero.

Sólo podrás hallas ésta cuando sepas hacerla brotar de tu corazón, cuando aprendas a ayudar a tus semejantes sin preferencias.

Ayuda a todos por igual, el que pone condiciones para ayudar está reclamando el pago antes de prestar el dinero, no olvides que el que ayuda a sus semejantes está realmente ayudándose a sí mismo. Enriquécete con cosas imperecederas, como son los pensamientos nobles y altruistas.

Así serás rico y fuerte de tal forma que tus riquezas estarán siempre contigo.

—•—

No son la riqueza ni el esplendor, sino la tranquilidad y el trabajo los que proporcionan la felicidad.

Thomas Jefferson.

—•—

La felicidad no es una estación a la que se llega, sino una manera de viajar.

M. Runbeck.

SOBRE LOS BIENES MATERIALES

Un hombre alcanzó el máximo poder de su nación, y afligido por las miserias que veía, decidió cifrar su felicidad cuando la hubieran logrado sus conciudadanos.

Pensó y meditó mucho al respecto y decidió que le fueran entregados todos los bienes materiales para repartirlos. Así se hizo, los distribuyó justamente entre todos y suponiendo haber entregado la felicidad se alejó de su país.

Sin embargo, pronto volvieron las desigualdades y aflicciones por lo que anhelaron el regreso del buen hombre, por fin un día entró en la ciudad un viejo pobre que habló a la muchedumbre de la siguiente manera:

Al repartir los bienes materiales creí hacerlos iguales y dichosos, y solamente perturbé las leyes de la vida, que dan la compensación a cada esfuerzo, que empujan al indolente, que liman con el dolor las asperezas... Mas ahora me encuentro nuevamente entre ricos y pobres, amos y esclavos, sinceros y traidores, haraganes e ingeniosos.

Y levantando sus ojos al creador dijo:

¡Los verdaderos bienes no pueden ser repartidos! ¡Nadie cambiará su destino, sino ustedes mismos! consigan con su propio esfuerzo la inteligencia y la virtud, y entonces serán iguales; entonces, sí tendrán todos la felicidad posible en este mundo.

— • —

La imaginación es más importante que el conocimiento.

PROMETETE A TI MISMO

Ser tan fuerte que nada pueda turbar la paz de tu mente.

Hablar a todos de salud, felicidad y prosperidad.

Hacer que los demás sientan siempre que hay algo bueno en ellos.

Mirar siempre el lado luminoso de las cosas y hacer que tu optimismo se realice.

Pensar sólo en lo mejor y esperar sólo lo mejor.

Olvidar los errores del pasado y luchar por las grandes consecuencias del futuro.

Sonreír siempre y que tu sonrisa sea para todos.

Dedicar tanto tiempo a tu adelanto personal que no te quede un momento para encontrar un defecto en los demás.

Ser suficientemente tolerante, firme y generoso para combatir la pesadumbre, la pasión y el miedo y suficientemente feliz para no permitir la presencia de la inquietud.

Anónimo.

— ● —

Las mejores cosas de la vida no son costosas, ni difíciles de encontrar.

DEL TIEMPO

Hay dos días en cada semana que no deben preocuparnos, dos días que no deben causarnos ni tormento ni miedo.

Uno es el ayer con sus errores e inquietudes, con sus flaquezas y desvíos, con sus penas, y tribulaciones; el ayer se marchó para siempre y está ya fuera de nuestro alcance.

Ni siquiera el poder de todo el oro del mundo podría devolvernos el ayer.

No podemos deshacer ninguna de las cosas que ayer hicimos; no podremos borrar ni una sola palabra de las que ayer dijimos.

Ayer se marchó para no volver.

El otro día que no debe preocuparnos es el mañana, con sus posibles adversidades, dificultades y vicisitudes, con sus halagadoras promesas o lúgubres decepciones, el mañana está fuera de nuestro alcance inmediato.

Mañana saldrá el sol, ya para resplandecer en un cielo nítido o para esconderse tras densas nubes, pero saldrá.

Hasta que no salga no podemos disponer del mañana, porque todavía el mañana está por nacer.

Sólo nos resta un día: hoy.

Cualquier persona puede afrontar las refriegas de un solo día y mantenerse en paz.

Cuando agregamos las cargas de esas dos eternidades, ayer y mañana, es cuando caemos en la brega y nos inquietamos.

No son las cosas de hoy las que nos vuelven locos.

Lo que nos enloquece y nos lanza al abismo, es el remordimiento o la amargura por algo que aconteció ayer y el miedo por lo que sucederá mañana.

De suerte que nos conformaremos con vivir un solo día a la vez para mantenernos saludables y felices.

Anónimo.

Amo el canto del zenzontle, pájaro de cuatrocientas voces,
Amo el color del jade y el perfume de las flores.
Pero más amo a mi hermano, el hombre.

La felicidad

SER FELIZ

Mi vida era triste, monótona y vacía, pero tenía un buen amigo que siempre me hablaba y repetía: "ama, ama, tú siempre estás triste por eso, porque eres egoísta y no te decides a amar".

"Ama un día de lluvia, ama los colores, ama el viento, ama la avecilla que canta, ama la flor aún en brote".

"Ama la música, las calles".

"Ama al carro y al conductor, ama la tienda y al vendedor".

"Ama a tu padre y a tu madre, a tus vecinos, familiares y amigos y sonríele a la vida".

Hasta que un día resolví hacer como me decía mi amigo, mi muy querido amigo y a partir de entonces soy feliz, inmensamente feliz.

—●—

Elimina pronto la preocupación, antes de que la preocupación te elimine a ti.

—●—

En este mundo, la felicidad, cuando llega, llega incidentalmente. Si la perseguimos, nunca la alcanzamos. En cambio, al perseguir otro objeto, puede ocurrir que nos encontremos con ella cuando menos lo esperábamos.

Nathaniel Hawthorne.

EL CONSEJO INFALIBLE

Un viejecito tenía fama de buen consejero y secretamente le consultaban sobre sus dificultades hombres y mujeres de toda condición.

El viejecito parecía escuchar atentamente las dudas y aspiraciones del consultante, luego permanecía un momento, como abstraído en la meditación. Finalmente, sintetizaba su parecer en estas pocas palabras:

—¡Simplifica, hijo, simplifica!

El consejo, siempre el mismo, maravillaba por su eficacia.

Y ninguno sabía que el propio viejecito, mucho más sordo de lo que se suponía, simplificaba igualmente su tarea, pues opinaba y acertaba sin escuchar una palabra de las dudas del consultante.

—●—

Lo que más se necesita para aprender es un espíritu humilde.

Confucio.

EN VIDA HERMANO, EN VIDA

Si quieres hacer feliz
a aquél a quien más amas,
díselo hoy, no esperes a mañana,
en vida, hermano, en vida...

Si deseas dar una flor
no la mandes a su tumba,
hoy con amor debes darla,
en vida, hermano, en vida...

Si deseas mostrar tu amor
a quien comparte tu casa,
al amigo, cerca o lejos,
en vida, hermano, en vida...

No esperes que mueran
tus amigos para amarlos,
y hacerles sentir tu afecto,
en vida, hermano, en vida...

Tú serás muy feliz
si enseñas a ser felices,
a todos los que conozcas,
en vida, hermano, en vida...

No visites panteones
ni llenes tumbas de flores,
llena de amor corazones,
en vida, hermano, en vida.

Ana María Rabatte.

PARA SER FELIZ...

Cada mañana, al despertar, agradezca al creador el privilegio de tener un día más de vida y vívalo como si fuera el primero, el único y el último.

¡No critique! Si nota que algo anda mal, colabore en la solución con palabras de amor y de cariño.

No permita que los problemas económicos le causen intranquilidad, recuerde que al final del camino, lo único que podremos llevarnos serán las buenas acciones realizadas.

Mantenga el buen humor ante cualquier situación ya que la alegría es la mejor medicina de la vida.

Sonría ante cualquier circunstancia, y procure no tomarse demasiado en serio.

Manifieste su amor hacia los demás con gestos y palabras dulces. El buen trato convertirá su vida en un paraíso sin dolores ni sufrimientos.

Aproveche el tiempo para aprender y hágase una base sólida de conocimientos que lo conduzcan a llevar una vida triunfadora.

Evite las discusiones vanas, que solamente conducen al distanciamiento y al rencor hacia nuestros semejantes.

Valore su trabajo haciéndolo con amor y cariño, ya que ése ennoblece a los que lo realizan con entusiasmo.

Por sobre todas las cosas acuérdese que el amor al prójimo es el secreto de nuestra felicidad.

VESTIRSE DE FELICIDAD

Un rico hacendado buscando al hombre que vestía la felicidad, recorría las aldeas y ciudades, indagando acerca del paradero de éste, encontrando siempre que minutos antes acababa de marcharse de ese sitio. Su incesante búsqueda se debía a que deseaba comprar a cualquier precio el primoroso vestido y de esta manera alcanzar este preciado don.

Largos años invirtió en este proyecto, y cuando estaba a punto de renunciar a su empresa, le notificaron que el hombre que vestía la felicidad, llegaría esa tarde a su pueblo. Inmediatamente se dirigió a las afueras del lugar, para encontrarlo primero que nadie y ofrecerle todo el oro de que disponía para comprar el anhelado vestido, sin embargo, grande fue su pena cuando al verle llegar al pueblo notó que el hombre venía sin ningún ropaje.

Se le acercó y le dijo:

"¿Dónde está el vestido de la felicidad que tanto he buscado?"

El hombre le contestó:

"No existe tal prenda, la felicidad es un vestido que se lleva por dentro y que sólo puede ser observado a través de los ojos ajenos."

— ● —

No son la riqueza ni el esplendor, sino la tranquilidad y el trabajo los que proporcionan la felicidad.

Thomas Jefferson.

BENEFICIO

Un discípulo se acercó a su maestro y dijo:

—Soy un hombre rico y he llegado a poseer una gran fortuna. ¿Cuál es la mejor manera de usarla para que redunde en mi beneficio espiritual?

El maestro sugirió:

—Regresa dentro de una semana y te daré la respuesta.

Cuando el discípulo regresó, el maestro dijo con un suspiro:

—No sé que decirte. Si te digo que la dones a tus amigos y parientes, no te dará ningún beneficio espiritual. Si te digo que la ofrezcas al templo, solamente alimentarás la avaricia de los sacerdotes. Y si te digo que se la des a los pobres, te sentirás envanecido por tu caridad y caerás en el pecado de la autoindulgencia.

Dado que el discípulo presionó al maestro para que le diese una respuesta, finalmente le aconsejó:

—Dona tu dinero a los pobres; ya que aunque a ti no te beneficie, por lo menos ellos sí saldrán beneficiados.

Hay más alegría en dar que en recibir.

Anónimo.

—●—

No recuerdes errores del pasado, vive el presente y serás feliz en el futuro.

EL CAMBIO

Si yo cambiara mi manera de pensar hacia otros,
me sentiría sereno.

Si yo cambiara mi manera de actuar ante los demás,
los haría felices.

Si yo aceptara a todos como son,
sufriría menos.

Si yo me aceptara tal cual soy, quitándome mis defectos,
cuánto mejoraría mi hogar, mi ambiente...

Si yo comprendiera plenamente mis errores,
sería humilde.

Si yo encontrara lo positivo en todos,
la vida sería digna de ser vivida.

Si yo amara el mundo...
lo cambiaría.

Si yo me diera cuenta de que al lastimar,
el primer lastimado soy yo.

Si yo criticara menos y amara más...

Si yo cambiara...
cambiaría al mundo.

Ana María Rabatté.

Ningún hombre es feliz a menos que crea serlo.

LO MEJOR

Poco has vivido aún y ya sabes qué es lo bueno; te será necesario vivir mucho, demasiado quizá para enterarte de qué es lo mejor.

Bueno es tener de sobra, y mejor sólo tener lo necesario; bueno es gozar la vida, y mejor aún conocerla; bueno es que te ayuden, y mejor triunfar solo; bueno es saber hablar, y mejor saber callar; buena es la adecuada compañía, pero es mejor poder estarse solo; bueno es vivir exento de trabajos, pero es mejor tenerlos; bueno es que te aplaudan, mejor aún que te señalen tus defectos; bueno es ser libre, pero es mejor la esclavitud del recto; bueno es que llegues a ser grande, pero es mejor aún que sigas siendo niño; bueno es que te amen, pero es mejor que ames tú; bueno es vivir sabiendo todo esto, y mejor aún vivir como ignorándolo.

— • —

Sé como el sándalo que perfuma el hacha que lo hiere.

— • —

La felicidad no es una estación a la que se llega, sino una manera de viajar.

M. Runbeck.

UNA SONRISA

Una sonrisa no cuesta nada y, en cambio, da mucho.

Enriquece a quien la recibe sin empobrecer a quien la otorga. Una sonrisa toma un momento y, sin embargo, casi siempre perdura en la memoria.

Nadie hay que sea tan rico ni poderoso que pueda pasarse sin una sonrisa, ni nadie es tan pobre que no pueda ser enriquecido asimismo con una sonrisa.

Crea y protege la buena suerte en los negocios y es la contraseña más preciada de la amistad.

Brinda el descanso al fatigado, entusiasmo al abatido, alegría al triste y es el mejor antídoto natural que existe contra las dificultades.

Sin embargo, la sonrisa es algo que no puede ser comprado, mendigado, ni tampoco se puede pedir como un préstamo, porque es un don que no tiene valor, sino hasta el momento en que se prodiga espontáneamente.

Hay seres tan cansados de la vida, que ya no pueden otorgar sonrisas.

Démosle a ellos una de las nuestras; porque no hay nadie que más las necesite que aquéllos que ya no tienen sonrisas que ofrecer.

Anónimo.

La alegría compartida es una alegría doble.

¿QUE HOMBRE ES FELIZ?

El dinero sirve para procurar comodidades; pero la vida no ha de servir únicamente para procurar dinero.

Se le preguntó a un sabio:

—¿Qué hombre es feliz? ¿Qué hombre es desgraciado?

—Es feliz —respondió—, el que ha comido y ha sembrado; infeliz el que ha muerto y no supo impedir que su dinero fuera estéril.

Anónimo.

ESTE DIA

El ayer no es más que un sueño,
    el mañana no es más que una visión,

pero el presente bien vivido,
hace de cada ayer un sueño de felicidad y
de cada mañana una visión de esperanza;

por lo tanto,

prestemos atención a este día.

Sabiduría Hindú.

Es una necedad arrancarse los cabellos en los momentos de aflicción, ya que la calvicie no cura a ésta.

Los libros son los mejores amigos: nos dan consejo en la vida y consuelo en la aflicción.

La educación

DESDE LA CUNA

—**D**octor, ¿cuándo debo empezar a educar a mi niño? —preguntó una joven madre a un médico bastante distinguido.

—¿Qué edad tiene el niño? —preguntó el médico.

—Dos años.

—Pues son dos años que ya lleva usted perdidos —repuso el médico con mucha seriedad.

¿POR QUE PREOCUPARSE?

De lo que te preocupas:

el 40% nunca sucede, la ansiedad es el resultado de una mente cansada.

El 30% se refiere a decisiones anteriores que ya no pueden alterarse.

El 12% se centra en críticas, la mayoría falsas, hechas por gente que se siente inferior.

El 10% es relacionado a tu salud, la que se empeora al preocuparse.

Y solamente

El 8% es "legítimo", mostrando que la vida no tiene grandes problemas reales, y los podrás enfrentar en el momento que elimines todas las preocupaciones sin sentido.

Anónimo.

COMIDA GRATIS

Cierto día, una pequeña flotilla camaronera decidió usar un solo lugar como su base de operaciones.

Las gaviotas entonces tuvieron a su alcance una buena dotación de desperdicios de camarón.

Toda la comida que las aves pudieran comer la tenían justo frente a sus picos.

Durante tres años, las gaviotas se deleitaron.

Pero un buen día, los barcos camaroneros abandonaron el lugar y la comida gratis para las gaviotas se había terminado.

Días después las gaviotas volaron sobre la bahía, aturdiendo con su gritería, perplejas y coléricas por haber perdido su acostumbrada comida.

Conforme pasaban los días, empezaron a morir por inanición.

Las aves pudieron haber sobrevivido si hubieran hecho resurgir sus viejos hábitos de cacería, pero el largo período de comida gratis había atrofiado su instinto por esforzarse en obtener su alimento.

Anónimo.

— ● —

Si has tomado el camino equivocado, no sientas lástima por ti mismo; ¡da la vuelta!

EXITO Y VOLUNTAD

Si piensas que estás vencido, lo estás.
Si piensas que no te atreves, no lo harás.
Si piensas que te gustaría ganar pero no puedes,
no lo lograrás.
Si piensas que perderás, ya has perdido.

Porque en el mundo encontrarás
que el éxito comienza con la voluntad del hombre.
Todo está en el estado mental.

Porque muchas carreras se han perdido
antes de haberse corrido,
y muchos cobardes han fracasado,
antes de haber su trabajo empezado.

Piensa en grande y tus hechos crecerán.
Piensa en pequeño y quedarás atrás.
Piensa que puedes y podrás.
Todo está en el estado mental.

Si piensas que estás aventajado, lo estás.
Tienes que pensar bien para elevarte.
Tienes que estar seguro de ti mismo,
antes de intentar ganar un premio.

La batalla de la vida no siempre la gana
el hombre más fuerte, o el más ligero,
porque tarde o temprano, el hombre que gana,
es aquel que cree poder hacerlo.

Rudyard Kipling.

Amarse a sí mismo es el comienzo de una aventura que dura toda la vida.

Tu porvenir está en tus manos; tú, solito, puedes labrarlo y a ese fin debes dedicar todos tus esfuerzos.

Muchas veces se confunde la educación, con la instrucción. Es un error gravísimo. Hay hombres instruidos que están mal educados; y otros con poca instrucción que cautivan por su buena educación.

La educación es más importante que la instrucción ya que ésta se dirige principalmente al corazón; y la segunda a la inteligencia.

Nada es imposible para el hombre ya que el que quiere poder, es el que puede, por lo tanto, esfuérzate en ser un hombre instruido y educado.

Para lo primero necesitarás estudio y aplicación; para lo segundo, atención y buenos hábitos.

—●—

La cultura se adquiere leyendo libros; pero el conocimiento del mundo, que es mucho más necesario, sólo se alcanza leyendo a los hombres y estudiando las diversas ediciones que de ellos existen.

Lord Chesterfield.

— ● —

Lo que más se necesita para aprender es un espíritu humilde.

Confucio.

SIETE PECADOS CAPITALES

Riqueza sin trabajo.

Placer sin conciencia.

Conocimiento sin carácter.

Negocios sin moral.

Ciencia sin amor a la humanidad.

Religiosidad sin sacrificios y...

Política sin principios.

Mahatma Gandhi.

MI POTENCIAL

Saber cómo otras personas se comportan requiere inteligencia, pero conocerme a mí mismo requiere sabiduría.

Manejar la vida de otras personas requiere fortaleza, pero manejar mi propia vida requiere poder verdadero.

Si estoy contento con lo que tengo, puedo vivir con simplicidad y gozar al mismo tiempo, la prosperidad y el tiempo libre.

Si mis metas son claras, puedo alcanzarlas sin nerviosismo.

Si estoy en paz conmigo mismo, no gastaré mi fuerza vital en conflictos.

Si he aprendido a dejar ir, no necesito temer el morir.

Lao-tse.

TU VOCACION

Sé lo que quieres ser. No le des importancia a lo que otros dicen.

No te amilanes frente a los contratiempos y dificultades.

Ten la seguridad de que tú, y sólo tú, tendrás que responder por tus actos.

Por lo tanto, busca dentro de ti la presencia divina, y sé exactamente lo que quieres ser:

Siempre desarrollándote hacia el crecimiento.

—●—

Con la buena educación, es el hombre una criatura mansa y divina; pero sin ella es el más feroz de los animales. La educación y la enseñanza mejoran a los buenos y hacen buenos a los malos.

Platón.

—●—

Donde hay fe, hay amor; donde hay paz, está Dios; donde está Dios, no falta nada.

Anónimo.

DESIDERATA

Camina plácido entre el ruido y el movimiento agitado y recuerda que puede haber paz en el silencio. Hasta donde sea posible, sin rendirte, trata de estar en buenos términos con todo el mundo. Di tu verdad serena y claramente y escucha a los demás, hasta a los aburridos e ignorantes, ellos también tienen su historia.

Evita a las personas agresivas y escandalosas: son espinas para el espíritu. Si te comparas con los demás puedes llegar a ser vanidoso y amargado porque siempre habrá personas más capaces y otras menos capaces que tú.

Goza tus logros igual que tus planes, guarda interés en tu propia carrera por humilde que sea: es una posesión real en los cambios de fortuna del tiempo. En los negocios sé cuidadoso porque el mundo está lleno de trampas, pero no dejes que esto te ciegue a la virtud que existe; muchas personas están luchando por altos ideales y por todas partes la vida está llena de heroísmo.

Sé tú mismo. En especial, no muestres tu afecto cuando no lo sientas. Tampoco seas cínico ante el amor, porque a pesar de toda la aridez y el desencanto, es perenne como el pasto.

Acepta el paso de los años con cariño y entrega con gracia las cosas de la juventud. Alimenta la fuerza de tu espíritu para que te proteja y sostenga en la desgracia repentina.

No te atormentes con tu imaginación, muchos temores nacen de la fatiga y la soledad. Además de seguir una autodisciplina saludable, sé gentil contigo mismo. Tú eres una criatura del universo, igual que los árboles y las estrellas. Tú tienes derecho a estar aquí y aunque no sea bien claro para ti, el universo se está desarrollando como debe ser.

Por lo tanto, queda en paz con Dios, no importa como lo concibas, y cualquiera que sean tus trabajos y aspiraciones, en la ruidosa confusión de la vida, queda en paz con tu alma porque a pesar de toda su farsa, arduos trabajos y sueños perdidos, éste es un mundo bello.

Esfuérzate por ser feliz.

M. Ehrmann.

LO MEJOR

Poco has vivido aún y ya sabes qué es lo bueno; te será necesario vivir mucho, demasiado quizá para enterarte de qué es lo mejor.

Bueno es tener de sobra, y mejor sólo tener lo necesario; bueno es gozar la vida, y mejor aún conocerla; bueno es que te ayuden, y mejor triunfar solo; bueno es saber hablar, y mejor saber callar; buena es la adecuada compañía, pero es mejor poder estarse solo; bueno es vivir exento de trabajos, pero es mejor tenerlos; bueno es que te aplaudan, mejor aún que te señalen tus defectos; bueno es ser libre, pero es mejor la esclavitud del recto; bueno es que llegues a ser grande, pero es mejor aún que sigas siendo niño; bueno es que te amen, pero es mejor que ames tú; bueno es vivir sabiendo todo esto, y mejor aún vivir como ignorándolo.

— ● —

No pretendas que las cosas ocurran como tú quieres. Desea, más bien, que se produzcan tal como se producen y serás feliz.

Anónimo.

EL BUEN MAESTRO

Es jovial, optimista, tiene buen sentido del humor, es humano amigable y comprensivo.

Procura hacer interesante su enseñanza, despierta el deseo de trabajar, convierte toda su labor en un placer, exige que el trabajo sea bien hecho, se interesa por sus alumnos y trata de comprenderlos.

Es considerado, cortés y despierta confianza, respeta las opiniones de los demás; no se siente superior ni pretende saberlo todo, es paciente, bondadoso y simpático.

Es franco y recto en su trato, no tiene preferidos ni consentidos y al calificar las tareas asignadas es justo.

Anónimo.

— ● —

Educar es adiestrar al hombre para hacer buen uso de su vida, para vivir bien; lo cual quiere decir que es adiestrarle para su propia felicidad.

Antonio Maura.

— ● —

Lleva tu cultura discretamente, como llevas el reloj en el bolsillo, sin sacarlo a cada rato simplemente para demostrar que lo tienes. Si te preguntan qué hora es, dilo; pero no lo proclames continuamente y sin que te lo pregunten.

LA ENSEÑANZA

No existe el hombre que pueda revelarnos nada que no yazga aletargado en la aurora de vuestro conocimiento.

El maestro, que rodeado de sus discípulos camina por la sombra del templo, no os da de su sabiduría, sino más bien, de su fe y de su afecto.

Si en realidad es sabio, no os vedará el acceso a su saber, sino os conducirá mejor al umbral de vuestra propia inteligencia.

El astrónomo puede hablaros de su conocimiento del espacio, mas no podrá daros el oído que lo capta y la voz que lo ejecuta.

Y aquel que está versado en la ciencia de los números, podrá hablaros de las regiones del peso y la medida, mas no podrá conduciros hasta ellas.

Porque la visión de un hombre no presta sus alas a ningún otro hombre.

Gibrán Jalil Gibrán.

— • —

El que no sabe y no sabe, es un necio; apártate de él.
El que no sabe y sabe que no sabe, es sencillo; instrúyelo.
El que sabe y no sabe que sabe, está dormido; despiértalo.
El que sabe y sabe que sabe, es sabio; síguelo.

Sabiduría popular árabe.

DECIDETE A TRIUNFAR

Muchas personas se preguntan por qué muchos individuos triunfan en la vida, y por qué otros se quedan estancados o inclusive fracasan.

La diferencia, obviamente, no radica en la capacidad mental, puesto que muchas personas altamente inteligentes fracasan mientras que otras de mediana inteligencia logran grandes éxitos.

La respuesta es que algunas personas triunfan porque gustosamente pagan el precio del éxito, mientras otras, aunque aparentemente son dinámicas y tienen ambiciones, en realidad no están dispuestas a hacer el mismo esfuerzo.

¿Cuál es el precio?

Concentrar todos los esfuerzos en la resolución del problema que se pretende resolver.

Tener gran determinación para conquistar lo que se pretende lograr.

Rehusar creer que existen circunstancias lo suficientemente adversas para hacerle desistir de sus propósitos.

Ese es el precio que debe usted pagar para lograr el éxito.

Un último consejo. No lo deje para mañana: comience hoy mismo a pagar el precio del éxito.

Antonio de la Torre.

La gratitud no es sólo la más grande de las virtudes, sino que engendra a todas las demás.

LA IMPORTANCIA DEL VALOR

Señor, danos tu fuerza, danos el empuje de la iniciativa y el coraje de la disciplina; más amor, señor, más autenticidad, el valor de hacer sin temores y con mayor coherencia.

El valor de continuar y el ánimo de siempre renovarse, llénanos de generosidad y comprensión, para con nuestros hermanos. El valor de la sinceridad para reconocer nuestras debilidades y saberlas enfrentar.

El valor de no irritarnos, para mantenernos siempre dueños de nosotros mismos, encontrando siempre el tiempo suficiente para meditar y orar, puesta siempre la mirada en la justicia y la bondad.

Quienes viven en armonía con su conciencia, muestran siempre un semblante hermoso.

A. Solyenitsin.

Somos el milagro de los milagros, el gran inescrutable misterio de Dios.

T. Carlyle

Encuentro con Dios

EL SUEÑO DE MARIA

Tuve un sueño José, pero no pude comprender bien de qué se trataba, me parece que se trataba del nacimiento de nuestro hijo.

Sí, era acerca de esto. La gente estaba haciendo preparativos con cuatro semanas de anticipación. Adornaban sus casas con papeles de colores brillantes, estrenaban ropa, salían de compras muchas veces y adquirían numerosos regalos —que no eran para nuestro hijo— los envolvían en hermosos papeles y los ataban con preciosos moños y los ponían debajo de un árbol. Sí, un gran árbol, José, adentro de sus casas. Un árbol decorado, con sus ramas llenas de esferas y gran número de adornos, unos que despedían una luz encantadora. En la punta más alta del árbol había una figura. Me parecía una estrella o un ángel. ¡Oh! era verdaderamente hermoso.

Todos estaban felices y sonrientes, emocionados por los regalos que se daban unos a otros, pero, José, no quedó ninguno para nuestro hijo.

Sabes, creo que no lo conocen, pues nunca mencionaron su nombre.

¿No te parece extraño que la gente se meta en tantos problemas para celebrar el cumpleaños de alguien que ni siquiera conoce?

Tuve la extraña sensación de que si nuestro hijo hubiera estado en esa fiesta hubiese sido un extraño solamente.

Para esa gente el ambiente era "hermoso" y todo el mundo se veía feliz; pero yo sentí enormes ganas de llorar.

¡Qué tristeza para Jesús, no querer ser deseado en su propia fiesta de cumpleaños, no haber para él un pequeño lugar!

Estoy contenta porque sólo fue un sueño. Pero qué terrible José si eso hubiese sido realidad.

Anónimo.

LA TRAVESIA

El paso del hombre por la vida es comparado con frecuencia a un viaje que tiene como término la eternidad. Lo que no es frecuente, es que el hombre recuerde esta gran verdad.

"Un hombre fue a visitar a un sabio famoso. Al ver que vivía feliz en una pobre habitación con apenas lo indispensable, le preguntó sorprendido: ¿Es todo lo que tienes? La respuesta se convirtió en interrogante: ¿Traes todo lo que posees? Desconcertado el hombre contestó ¡Yo sólo soy un visitante y voy de paso! El sabio contestó tranquilamente: ¡Igual que yo! sonriente continuó atendiendo a su visitante".

Nada más cierto. El hombre va de paso por la vida, pero olvida su destino eterno y se empeña en acumular cosas que dificultan alcanzar su fin.

Si el exceso de carga torna difícil cualquier travesía... ¿Qué decir cuando se trata de la única travesía que tiene como fin la eternidad?... Un viajero experto lleva sólo lo indispensable para el camino y deja atrás lo que estorba su desplazamiento.

¿Por qué el hombre pretende ignorarlo?

—●—

El hijo sabio atiende a la instrucción de su padre, el arrogante no escucha la reprensión.

LA ENTREVISTA

—**P**asa —me dijo—. ¿Conque, quieres entrevistarme?

—Si es que tienes tiempo, Señor.

—Mi tiempo se llama eternidad y alcanza para todo.

—Señor, ¡qué envidia!

—¿Qué pregunta vas a hacerme?

—Ninguna nueva ni difícil para ti. Por ejemplo, ¿qué es lo que más te divierte de los hombres?

—Que se aburren de ser niños por la prisa de llegar a ser adultos y luego suspiran por regresar a niños. Que primero pierden la salud para tener dinero y enseguida pierden el dinero para recuperar la salud. Que de pensar ansiosamente en el futuro, descuidan su hora actual, con lo que ni viven el presente ni el futuro; que viven como si fueran a morirse y mueren como si no hubieran vivido.

—¿La flor que más te gusta?

—Cuando una madre arrulla a su hijo es como si el universo floreciera.

—Señor, ¿prefieres ser amado o ser temido?

—Si tú eres padre, ya tienes la respuesta.

—¿Qué opinas de los teólogos que hablan de la muerte de Dios?

—Algunos ya murieron y otros no tardarán.

—¿Tienes algo en contra de la liberación de la mujer?

—Yo soy feminista. Verás, yo tuve la idea de la mujer; no descansé sino hasta después de haberla creado. Sólo a partir de ella el mundo se completa.

Anónimo.

No te regocijes por el día de mañana, porque no sabes lo que te deparará el día de hoy.

GRACIAS SEÑOR

Gracias Señor, por todo lo que me diste este año:
Gracias por los días de sol y los nublados tristes.
Gracias por las noches tranquilas y por las inquietas horas oscuras.
Gracias por la salud y la enfermedad.
Gracias por las penas y las alegrías.
Gracias por lo que prestaste y después me pediste.
Gracias Señor, por la sonrisa amable y la mano amiga, por el amor y todo lo hermoso y dulce.
Gracias por las flores y las estrellas y la existencia de los niños y de las almas buenas.
Gracias por la soledad, por el trabajo, por las dificultades y las lágrimas, por todo lo que me acercó a ti más íntimamente.
Gracias por tu presencia en el sagrario y la gracia de tus sacramentos.

GRACIAS POR HABERME DEJADO VIVIR, GRACIAS SEÑOR.

—●—

Si un pajarillo caído,
con amor puse en su nido;
si un acto o palabra mía
llevó a un triste la alegría;
si una lágrima he enjugado;
si una pena he consolado;
si al pobre que auxilio implora
tendí alguna vez la mano;
si al morir, alguien me llora,
¡yo no habré vivido en vano!

ORACION DE ABANDONO

Padre,
en tus manos me pongo.
Haz de mí lo que quieras.
Por todo lo que hagas de mí,
te doy las gracias.

Estoy dispuesto a todo, lo acepto todo,
con tal de que tu voluntad se haga en mí
y en todas tus criaturas.
No deseo nada más. Dios mío.

Pongo mi alma entre tus manos,
te la doy, Dios Mío,
con todo el ardor de mi corazón
porque te amo,
y es para mí una necesidad de amor
el darme, el entregarme
entre tus manos sin medida,
con infinita confianza,
porque Tú eres mi Padre.

*Vestido de pobreza, admiro tu única luz, y es por eso, oh Dios mío,
que llevo tu corazón sobre mi corazón.*

Voces de Ahaggar.

UN SOLO HOMBRE

Hubo un hombre que nació en un pueblo casi desconocido, hijo de la sencilla esposa de un carpintero.

Trabajó en una carpintería hasta los treinta años.

Y entonces... durante tres años fue predicador ambulante.

Jamás escribió un libro, no ocupó cargo alguno.

Jamás tuvo casa propia, ni puso pie dentro de gran ciudad.

Nunca se alejó más de 300 kms. del lugar donde nació.

No tenía más credenciales que su propia persona.

No tuvo nada que ver con los asuntos de este mundo, a excepción de la influencia que ejerció sobre las almas.

Siendo aún un hombre joven, la marea de la opinión popular se le volteó.

Sus amigos huyeron de su lado; uno de ellos lo negó, otro de los suyos lo entregó a sus enemigos.

Soportó la burla de un juicio injusto.

Fue crucificado y bajado de la cruz, fue colocado en un sepulcro prestado, merced de un amigo.

Casi veinte largos siglos han pasado desde entonces, y hoy, "EL" constituye el núcleo espiritual de la raza humana, y es el líder de la columna del progreso, y quedamos anonadados al darnos cuenta de que: todos los ejércitos que jamás hayan marchado, de todos los parlamentos que jamás hayan sesionado, y de todos los reyes que jamás hayan regido.

¡Todos! conjuntamente nunca han afectado tan profundamente, la vida del hombre sobre esta tierra, como lo hiciera durante los treinta y tres años de su breve vida, ¡UN SOLO HOMBRE!

INSTRUMENTO DE TU PAZ

Hazme un instrumento de tu Paz; donde haya odio, lleve yo tu amor, donde haya injuria, tu perdón, Señor, donde haya duda, fe en Ti.

Maestro, ayúdame a nunca buscar querer ser consolado como consolar, ser comprendido como comprender, ser amado como yo amar.

Hazme un instrumento de tu Paz:
que lleve tu esperanza por doquier, donde haya oscuridad, lleve tu luz, donde haya pena, tu gozo, Señor.

Hazme un instrumento de tu Paz: porque
es perdonando que nos das perdón;
es dando a otros que Tú te nos das; y
muriendo es que volvemos a nacer.

LA CARTA

¿Cómo estás?, solamente te envío esta carta para contarte lo mucho que te amo y pienso en ti. Ayer te vi mientras hablabas con tus amigos y esperé todo el día deseoso de que también lo hicieras conmigo. Al llegar el atardecer te ofrecí una puesta de sol para cerrar tu día y una brisa suave para que descansaras y... esperé; nunca llegaste. Sí, me dolió pero todavía te amo. Te vi dormir y deseaba tocar tus sienes. Y derramé la luz de la luna sobre tu almohada y tu rostro; nuevamente esperé deseando llegaras rápidamente para poder hablarte. Tengo tantos regalos para ti. Despertaste tarde y rápido te fuiste al trabajo. Mis lágrimas estaban en la lluvia que caía. Hoy te ves muy triste... si tan sólo me escucharas. Te amo, te amo, trato de decírtelo en el cielo azul y en la tranquilidad de la hierba verde... lo susurro en las hojas de los árboles, en los arroyos de las montañas y lo expreso en los cantos de amor de los pájaros. Te cobijo en el tibio sol y perfumo el aire con olorosas esencias naturales. Mi amor es más profundo que los mares y más grande que los deseos que en tu mente anidan. Oh, si tú supieras cuánto anhelo caminar y hablar contigo. Podemos vivir juntos siempre aquí en la tierra y todo el universo si así lo quieres tú... yo sé que te han dicho que la vida es difícil, pero si sabes ser mi amigo jamás tendrás dificultad, además mi padre, que es tuyo también te ama mucho y me ha pedido que te proteja. Yo te amo como él y sólo espero que me pidas que te acompañe, te guíe y te aconseje. Llámame, búscame, cuenta conmigo, tengo miles de maravillas que ofrecerte. Deseo que veas esta vida como es: un juego permanente y lleno de aventuras bien bonitas.

¿Podrías hablarme hoy? Te ama siempre: TU HERMANO JESUCRISTO.

Anónimo.

NECESITAMOS DE TI

Necesitamos de Ti, de Ti solamente, y de nadie más. Solamente Tú, que nos amas, puedes sentir por todos nosotros que sufrimos, la compasión que cada uno siente en relación consigo mismo.

Sólo Tú puedes medir qué grande, qué inconmensurablemente grande es la necesidad que hay de Ti en este mundo, en esta hora.

Todos necesitan de Ti, también aquellos que no lo saben, y éstos necesitan bastante más que los que lo saben.

El hambriento piensa que debe buscar pan y, mientras tanto, tiene hambre de Ti. El sediento juzga necesitar agua, mientras siente sed de Ti. El enfermo se ilusiona en desear salud; su verdadero mal, sin embargo, es la ausencia de Ti. Quien busca la belleza del mundo sin darse cuenta, te busca a Ti, que eres la belleza plena. El que en sus pensamientos busca la verdad, sin darse cuenta te desea a Ti, que eres la única verdad digna de ser conocida. El que se esfuerza por conseguir la paz, está buscándote a Ti, única paz donde pueden descansar los corazones inquietos.

Ellos te llaman sin saber que te llaman, y su grito es, misteriosamente, más doloroso que el nuestro. Te necesitamos. Ven, Señor.

— ● —

Donde hay fe, hay amor; donde hay paz, está Dios; donde está Dios, no falta nada.

Anónimo.

¿ME BUSCAS?

¿**M**e buscas?

Estoy en el asiento de al lado. Mi hombro está contra el tuyo.

No me encontrarás en la Meca ni en templos Hindúes, ni en sinagogas ni en catedrales, ni en misas ni en "kirtans", ni al hacer yoga ni al comer solamente verduras.

Cuando realmente me busques, me verás instantáneamente; me encontrarás en la casita más pequeña del tiempo.

Kabir dice: Estudiante, dime ¿qué es Dios?

¡Dios es la respiración dentro de la respiración!

Kabir

RESOLUCION

Si hacemos cada mañana la siguiente resolución para el día, nuestra vida irá por mejores caminos.

Pensaré en Dios.

No temeré a nadie.

Haré lo más que pueda.

Daré algo a alguien.

Estaré en paz con los demás.

Anónimo.

UN SUEÑO

Sobre la arena de la playa caminaba con el Señor.

En el firmamento se dibujaban escenas de mi vida y en la arena dos juegos de pisadas: uno era el mío, y el otro del Señor.

Cuando miré hacia atrás para ver las huellas, noté que varias veces a lo largo del camino de mi vida, había solamente un juego de pisadas, y esto había sucedido en los tiempos más dolorosos y tristes de mi vida.

Pregunté al Señor:

Señor, me dijiste que cuando decidiera seguirte, caminarías siempre a mi lado, pero he notado que en los momentos más difíciles, hay solamente un par de pisadas.

¿Por qué cuando más te necesitaba me abandonaste?

El Señor me contestó:

Hijo:
Te quiero y nunca te abandonaría, cuando veas solamente un par de pisadas es que yo te llevaba en mis brazos.

Anónimo.

La fe es como el amor: No puede ser impuesta por la fuerza.

SUPLICA

Dame, Señor, la simplicidad de un niño
y la conciencia de un adulto.

Dame, Señor, la prudencia de un astronauta
y el coraje de un salvavidas.

Dame, Señor, la humildad de un barrendero,
y la paciencia de un enfermo.

Dame, Señor, el idealismo de un joven
y la sabiduría de un anciano.

Dame, Señor, la disponibilidad
del Buen Samaritano
y la gratitud del menesteroso.

Dame, Señor, todo lo que de bueno
veo en mis hermanos,
a quienes colmaste con tus dones.

Haz, Señor, que sea imitador de tus santos,
o, mejor, que sea como Tú quieres:
perseverante, como el pescador,
y esperanzado
como el cristiano.

Que permanezca en el camino de tu Hijo
y en el servicio de los hermanos.

Lucha fuerte y ganarás.

CRISTO CRUCIFICADO

No me mueve, mi Dios, para quererte
el cielo que me tienes prometido,
ni me mueve el infierno tan temido
para dejar por eso de ofenderte.

Tú me mueves, señor, muéveme el verte
clavado en una cruz y escarnecido,
muéveme el ver tu cuerpo tan herido,
muéveme, tus afrentas y tu muerte.

Muéveme, en fin, tu amor, de tal manera
que aunque no hubiera cielo yo te amara
y aunque no hubiera infierno te temiera.

No me tienes que dar porque te quiera,
pues aunque lo que espero no esperara,
lo mismo que te quiero te quisiera.

Fray Miguel de Guevara.

*Aquél que me percibe en todas partes y mira todo en Mí, nunca
me pierde de vista ni Yo lo pierdo de vista nunca.*

Krishna.

LOS ESPERO EN EL CIELO

Cuando tenga que dejarlos por un corto tiempo, no se entristezcan, ni derramen muchas lágrimas, ni abracen su pena por mí, mucho tiempo.

Al contrario, empiecen con valentía y con una sonrisa. Y en mi memoria y en mi nombre, vivan su vida y hagan las cosas igual que antes.

No aumenten su soledad con días vacíos sino que llenen cada hora que están despiertos con actos útiles.

Den su mano para ayudar, consolar y animar; y yo, en cambio, los ayudaré a ustedes.

Y nunca, nunca tengan miedo de morir, pues los estoy esperando en el cielo.

Anónimo.

Tú me llamas Maestro...y no me interrogas.

Tú me llamas Tu Luz...y no me ves.

Tú me llamas La Verdad...y no crees en mí.

Tú me llamas El Camino...y no me sigues.

Tú me llamas La Vida...y no me deseas.

**Inscripción en la Catedral
de Lübeck.**

BASTELE A CADA DIA SU PROPIO AFAN

¿**P**or qué te preocupas de tantas cosas?

¿Por qué llevas el peso de un ayer que lamentas, si ya no está en tu mano?

¿Por qué te angustia el temor de un mañana que quizá no vas a ver?

"Bástele a cada día su propio afán"

El ayer, pasó, el mañana no ha llegado...

Llena bien el hoy que tienes en tu mano en que dispones de hoy.

Deja el ayer que te atormenta a mi Providencia Divina, a mi Divina Misericordia.

Deja el mañana que te inquieta, y tú piensa "únicamente" en que dispones de hoy para servirme.

¡Aprovéchalo! ¡Agradécelo! ¡Llénalo!

Piensa que hoy es "tu día", que te lo doy para que te acerques a mi Corazón y prepares tu Cielo...

"Bástele a cada día su propio afán".

Con ayer no cuentas, con mañana tampoco.

Para luchar, para vencer, para reparar, para amar...

Cuentas con "hoy"

Santifica el día de hoy, ¡Y santificarás tu vida!

San Mateo, Cap. VI, v. 34.

COMO UN AMIGO

Llegaste a mí humilde y discretamente, para ofrecerme tu amistad.

Me elevaste a tu nivel, bajándote tú al mío, y deseas un trato familiar, pleno de abandono.

Permaneces en mí misteriosamente, como un amigo siempre presente, me asocias a tus sufrimientos y alegrías, compartiendo conmigo tus esperanzas, tus proyectos, tu vida.

Me invitas a colaborar en tu obra redentora, a trabajar contigo con todas mis fuerzas, quieres que nuestra amistad sea fecunda y productiva, para mi beneficio y el de los demás.

Dios amigo del hombre, eres el amor ideal que nunca falla en su fidelidad, al ofrecimiento de tan magnífica amistad quisiera corresponder como tú lo esperas y mereces, procediendo siempre como tu amigo.

El mayor error que un hombre puede cometer es sacrificar su vida espiritual por cualquier otra ganancia.

Haz todo con amor, todo lo que se hace sin amor, queda mal hecho y tiende a desaparecer.

El trabajo

LA FILOSOFIA

Háblanos del trabajo.
Y él dijo:
Trabajáis para marchar en armonía con la tierra y con el alma de la tierra.
Porque estar ocioso, es ser un extraño para las estaciones y es desertar del cortejo de la vida, que marcha con majestad y orgullosa sumisión, hacia el infinito.
Cuando trabajáis, sois una flauta en cuyo corazón el susurro de las horas se convierte en música.

—●—

Siempre se os ha dicho que el trabajo es una maldición, y todas las labores son infortunio.
Mas yo os digo: cuando trabajáis, cumplís con una parte del más remoto sueño de la tierra, asignado a vosotros desde su nacimiento.

—●—

¿Y qué es trabajar con amor?
Es tejer la tela con fibras sacadas de vuestro corazón, es como si vuestro ser más amado tuviera que vestirse con esa tela.
Es construir una morada con cariño y embellecerla como si fuese para albergar al ser más amado.
Es como poner la semilla con ternura y cosechar con recogijo, como si el fruto fuese para alimentar al ser más amado.
Es infundir a todas las cosas que creáis un soplo de vuestro propio espíritu.

Gibrán Jalil Gibrán.

EL TRIUNFO

Cuando el egoísmo no limite tu capacidad de amar...

Cuando confíes en ti mismo aunque todos duden de ti, y dejes de preocuparte por el qué dirán...

Cuando tus acciones sean tan concisas en duración como largas en resultados.

Cuando puedas renunciar a la rutina sin que ello altere el metabolismo de tu vida.

Cuando sepas distinguir la sonrisa de la burla, y prefieras la eterna lucha que la compra de la falsa victoria.

Cuando el ser espontáneo te libre del método.

Cuando actúes por convicción y no por adulación.

Cuando puedas ser pobre sin perder tu riqueza y rico sin perder tu humildad.

Cuando sepas perdonar, tan fácilmente como ahora te disculpas.

Cuando puedas caminar junto al pobre sin olvidar que es un hombre y junto al rico sin pensar que es un Dios.

Cuando sepas enfrentarte a tus errores tan difícil y positivamente como a tus aciertos.

Cuando halles satisfacción compartiendo tu riqueza.

Cuando sepas manejar tu libertad para pensar, hablar, leer, escribir y hasta escuchar sin caer en los excesos.

Cuando sepas obsequiar tu silencio a quien no te pide palabras, y tu ausencia a quien no te aprecia.

Cuando ya no debas sufrir para conocer la felicidad y no seas ya capaz de cambiar tus sentimientos o tus metas, por el placer.

Cuando no trates de hallar las respuestas en las cosas que te rodean, sino en tu propia persona.

Cuando aceptes los errores, cuando no pierdas la calma.

Entonces y sólo entonces, serás un

¡TRIUNFADOR!

Anónimo.

— ● —

El trabajo no ensucia. No digas nunca de un obrero que sale de su trabajo: "Va sucio". Debes decir: "Tiene en su ropa las señales, las huellas del trabajo". Recuérdalo.

Edmundo de Amicis.

—●—

La mayor barrera para el éxito no es la falta de talento o habilidad, sino la convicción de no ser merecedor del mismo.

LEY DE LA VIDA

Ningún hombre, idea o institución llega a ser tan grande que haya enfrentado y además vencido una gran resistencia. La grandeza no puede ser concebida hasta que este concepto sea entendido.

Desafortunadamente el hombre común ignora esta regla; en su ignorancia, este hombre promedio está temeroso a enfrentarse a la más ligera resistencia, no quiere ser criticado y erróneamente siente que la crítica le detendrá, no podrá ser feliz ni sus sueños se realizarán. La verdad es todo lo contrario.

Cuando iniciamos un cambio en nuestros trabajos, los primeros que se oponen son las personas más cercanas y nuestros seres más queridos; ellos temen el cambio, porque significa enfrentarse a lo desconocido.

Si usted quiere concebir grandes progresos, tiene que ser fuerte y resistir la influencia del negativismo de las personas que lo rodean.

Permita que las grandes lecciones del pasado se graben en su mente como un recuerdo de su crecimiento personal, el cual determinará el crecimiento de su corporación. Entendamos y demos gracias que nuestra idea es mucho más poderosa que la resistencia.

Comprendan nuestra batalla y glorifíquense porque ustedes serán parte de los que hagan la historia. La labor que realizan hoy para defender su doctrina de trabajo y amor a la gente, dará nueva libertad y esperanza a los millones que luego vendrán. Siéntase alto y fuerte frente a su enemigo, su resolución y compromiso hacia sí mismo y hacia lo que usted cree, lo atemorizará y se desvanecerá en el olvido. ESTA ES LA LEY DE LA VIDA.

William Penn Patrick.

LA ESCALERA

Un carpintero se puso a construir una escalera. Pero vino un desdichado y le pidió un pedazo de su obra. Se rascó la cabeza, y se lo dio. Vino otro, y le explicó que, permitiéndole usar unos peldaños, trabajaría y alimentaría a sus hijos. Vinieron muchos más. El invierno era duro, la miseria muy grande, y el carpintero daba a todos pedazos de su escalera, aun para quemarlos como leña.

Y decía:

No comprendo, mujer. Mi escalera es cada vez más chica y, sin embargo, ¡subo por ella al cielo!

No te dispongas a dormir con amargura o resentimiento en el corazón; antes perdona y olvida las ofensas.

El mundo está lleno de gente que pretende hacer un millón de pesos en sueños cada noche, en vez de hacer cinco pesos de plata cada día. Siempre he encontrado que me conviene más regalar unos cuantos pesos a un hombre de esta clase que darle un empleo.

Si mis empleados quisieran pensar en cómo mejorar su trabajo al menos la mitad del tiempo que se dedican a inventar razones para pedir préstamos a cuenta de su sueldo, no habría manera de impedir que llegaran a ser jefes, pero tampoco me opondría porque al aumentar ellos sus ingresos crecerían mis utilidades.

Pero yo siempre he sostenido que el individuo que el último día de la semana tiene que forzar la alcancía de sus niños para poder abordar el autobús, no va a ser un gran financiero el día que yo le permita manejar mi dinero. Llenará de agujeros mi cuenta del banco.

Nunca llegarás a ser un gran administrador si aprendes a gastar antes de haber aprendido a ganar. Para el gastador el día de cobro siempre parece demasiado lejos, y nunca obtiene de cada peso más de sesenta centavos de provecho; pero un peso tiene 106 centavos para el hombre listo que nunca llega a gastar el peso, sino únicamente los seis centavos.

La verdadera grandeza es la del hombre que se educa en medio del trabajo y de la virtud.

Laboulaye.

NECESITAMOS LIDERES

La autoridad estará en crisis cuando quien manda se contente con ser un jefe, sin decidirse a convertirse en líder.

Lo que necesita una nación o cualquier grupo, grande o pequeño, es tener al frente, no a un oportunista arrogante, sino a un servidor sincero.

Para el jefe, la autoridad es un privilegio de mando; para el líder, un privilegio de servicio. El jefe ordena: "Aquí mando yo"; el líder dice: aquí sirvo yo; el jefe empuja al grupo y el líder va al frente, comprometiendo con sus acciones.

El jefe inspira miedo, se le teme, se le da la vuelta; se le sonríe de frente y se le critica de espaldas; tal vez se le odia en secreto. El líder inspira confianza, inyecta entusiasmo, envuelve a los demás en aires de espontánea simpatía, da poder a su gente; cuando él está presente fortalece el grupo.

El jefe hace del trabajo una carga, el líder, un privilegio. Los que tienen un líder, pueden cansarse del trabajo, pero jamás se fastidian, porque el magnetismo del líder abre ventanas a los ideales que delatan la alegría de vivir, de trabajar.

El jefe sabe cómo se hacen las cosas; el líder enseña cómo deben hacerse.

El jefe maneja a la gente; el líder la prepara. El jefe masifica a las personas, las convierte en número y en fichas, deshumaniza súbdito por súbdito hasta quedarse con un rebaño sin rostro ni iniciativa. El líder conoce a cada uno de sus colaboradores, los trata como personas, no los usa como cosas.

El jefe dice vaya, el líder dice vayamos; líder es aquel que promueve al grupo, suscita una adhesión inteligente, reparte responsabilidades, forma a otros líderes, parte de los hechos y de la vida del grupo para llegar a los principios, consigue un compromiso real de todos los miembros.

El líder hace de la gente ordinaria, gente extraordinaria; la compromete con una misión y la amalgama en la fe de realizar un sueño que le permita la trascendencia y la realización; le da significado a la vida de sus seguidores, un porqué vivir, es un arquitecto humano.

**Miguel Angel Cornejo y
Rosado.**

El hombre superior piensa siempre en la virtud. El hombre vulgar piensa siempre en la comodidad.

LA GRACIA DEL TRABAJO

Desde pequeño, Señor Jesús, en un taller de artesano ganaste el pan con el sudor de tu frente. Desde entonces el trabajo adquirió una alcurnia noble y divina.

Por el trabajo nos convertimos en compañeros y colaboradores de Dios y en artífices de nuestra historia.

El trabajo es el yunque donde forja el hombre su madurez y grandeza, la harina con que amasa el pan de cada día.

Hazme comprender, Señor, cuánto amor entregan los que confeccionan abrigos, siembran el trigo, barren las calles, construyen las casas, arreglan las averías, escuchan los problemas o simplemente estudian para el trabajo y servicio del mañana.

Danos, Señor, la gracia de ofrecerte el trabajo cotidiano.

LA VOLUNTAD

Si antes de la prueba piensas que estás vencido, lo estás; si antes de emprender la aventura no te atreves, no la harás; si antes de empezar el juego piensas que perderás, ya has perdido, porque en la vida descubrirás que el éxito comienza con:

La voluntad del hombre.

SE SOLICITA UNA PERSONA

Para un buen trabajo, con mucho futuro.

Que encuentre qué hacer sin la ayuda del jefe.

Que llegue a tiempo al trabajo todos los días y que no ponga en peligro la seguridad de los demás tratando de ser la primera en salir.

Una persona que sea moral, educada y pulcra.

Que no se ponga malhumorada porque tenga que trabajar una hora extraordinaria en alguna ocasión.

Que sepa escuchar atentamente cuando se le habla y que sólo haga preguntas para estar segura de que podrá cumplir fielmente las instrucciones que ha recibido.

Que lo mire a uno a la cara y le diga la verdad en todo momento.

Que no se compadezca de sí misma porque tiene que trabajar.

SI ES USTED ESA PERSONA...

¡Preséntese en cualquier parte, el mundo busca y necesita urgentemente a alguien como usted!

Pide a Dios que bendiga tu trabajo; pero no esperes que él te lo haga.

No esperes vivir mañana: vive hoy.

La sabiduría y el tiempo

MADUREZ

Madurez es la habilidad de controlar la ira y resolver las discrepancias sin violencia o destrucción.

Madurez es paciencia. Es la voluntad de posponer el placer inmediato en favor de un beneficio a largo plazo.

Madurez es perseverancia, es la habilidad de sacar adelante un proyecto o una situación a pesar de fuerte oposición y retrocesos decepcionantes.

Madurez es la capacidad de encarar disgustos y frustraciones, incomodidades y derrotas, sin queja ni abatimiento.

Madurez es humildad. Es ser suficientemente grande para decir me equivoqué y, cuando se está en lo correcto, la persona madura no necesita experimentar la satisfacción de decir: "se lo dije".

Madurez es la capacidad de tomar una decisión y sostenerla. Los inmaduros pasan sus vidas explorando posibilidades para al fin no hacer nada.

Madurez significa confiabilidad, mantener la propia palabra, superar la crisis. Los inmaduros son maestros de las excusas, son confusos y desorganizados, sus vidas son una confusión de promesas rotas, amigos perdidos, negocios sin terminar y buenas intenciones que nunca se convierten en realidades.

Madurez es el arte de vivir en paz con lo que se puede cambiar.

Ann Landers.

¡PIENSA EN MI!

Si tú me amas, no llores más por mí...

Si conocieras el misterio insondable del cielo donde me encuentro...

Si pudieras ver y sentir lo que yo siento y veo en estos horizontes sin fin y en esta Luz que todo alcanza y penetra, tú jamás llorarías por mí.

Estoy ahora absorto por el encanto de Dios y por sus expresiones de infinita belleza.

En confrontación con esta nueva vida, las cosas del pasado son pequeñas e insignificantes.

Conservo aún todo mi afecto por ti y una ternura que jamás pude en verdad revelarte.

Nos quisimos entrañablemente en vida pero todo era entonces muy fugaz y limitado.

Vivo en la serena expectativa de tu llegada un día... entre nosotros.

Piensa en mí en tus luchas diarias; piensa en esta maravillosa morada donde no existe la muerte y donde estoy junto a la Fuente inagotable de la Alegría y del Amor.

Si verdaderamente me amas, no llores más por mí...

¡ESTOY EN PAZ!

Anónimo.

La verdadera ceguera del hombre consiste en no poderse ver hacia adentro, en lugar de hacia afuera.

TRES COSAS

T**RES COSAS QUE DEFENDER:**
El honor, el hogar y la patria.

TRES COSAS QUE CONTROLAR:
El carácter, la lengua y la conducta.

TRES COSAS QUE MEDITAR:
La vida, la muerte y la eternidad.

TRES COSAS QUE ESTIMAR:
El valor, la rectitud y el agradecimiento.

TRES COSAS QUE DETESTAR:
El pecado, la ignorancia y la ingratitud.

TRES COSAS QUE EVITAR:
La pereza, la barbarie y la bufonería.

TRES COSAS QUE SALVAGUARDAR:
La santidad, la paz y la alegría.

TRES COSAS QUE DESEAR:
La santidad, la paz y la alegría.

TRES COSAS QUE ADMIRAR:
La voluntad, la dignidad y la gracia.

TRES COSAS QUE CULTIVAR:
La razón, la sumisión y la ciencia.

Se debe empezar pronto a ser viejo si se quiere serlo mucho tiempo.

Cicerón.

JUVENTUD

La juventud no es cuestión de tiempo, sino un estado de la mente; no es un asunto de la voluntad, una cualidad de la imaginación, un vigor de las emociones; es la frescura de los manantiales profundos de la vida.

La juventud significa el predominio del valor sobre la timidez, de la aventura sobre lo fácil.

Esto existe a menudo en una persona de 60 años más que en un joven de 20. Nadie se avejenta al desertar de sus ideales.

Los años pueden arrugar nuestra piel, pero la falta de entusiasmo arruga nuestra alma.

La preocupación, la duda, la falta de confianza, el temor y la desesperación, estos doblan el corazón y convierten el espíritu en polvo.

Tenga usted 60 años o 16,
en todo corazón humano existe el amor a lo maravilloso,
el asombro por las estrellas del cielo,
el impávido desafío a los eventos,
el apetito infalible de la niñez,
por lo que viene después el goce de vivir.

Ser hoy mejor que ayer; mañana, mejor que hoy, este es el gran objeto de la vida.

COMO VIVIR CIEN AÑOS FELIZMENTE

Mantente útil en el trabajo.

Ten un pasatiempo.

Aprende a estar satisfecho.

Disfruta a la gente.

Enfrenta la adversidad valientemente.

Arrostra los pequeños problemas de la vida con decisión.

No te mantengas mirando hacia la enfermedad.

Sobre todo, ten un buen sentido del humor, que se logra diciendo algo agradable cada vez que tengas una oportunidad.

Vive y haz agradable y alegre el momento presente.

Mantén tu mente, tanto fuera del pasado como del futuro.

John A. Schindler.

Si quieres darle de comer a un hombre un día, dale un pescado; si quieres darle de comer toda la vida, enséñale a pescar.

Kuan-Tseu.

LA ULTIMA LIBERTAD

Uno de los aspectos más importantes de nuestra humanidad es tener la libertad de escoger.

Nuestro gran creador nos ha permitido escoger el mundo en el que hemos de vivir.

Si escogemos ser amorosos en pensamiento, palabra y obras, creamos un mundo amoroso.

Si escogemos pensamientos y acciones de miedo o enfermedad, entonces estas características llenarán el mundo en el que habitamos.

El tener libre albedrío significa ser capaz de escoger de nuevo. Nada es permanentemente fijo.

Al escoger nuevas opciones, el pasado puede curarse y podremos liberar de nuestras vidas, el dolor y el sufrimiento.

Aun cuando no escogemos nuestras condiciones exteriores, podemos escoger cómo responderemos a éstas.

¡Esta es la última libertad!

Al poder ver cada situación como una contribución a nuestro más grande bien, podemos transformar hasta las circunstancias más difíciles en bendiciones.

Anónimo.

Señor concédeme la serenidad de aceptar las cosas que no puedo cambiar, el entusiasmo para cambiar las cosas que sí puedo, y la sabiduría para comprender la diferencia.

DEL TIEMPO

Ustedes desean medir el tiempo, inconmensurable e infinito.

Quieren ajustar su conducta, y asimismo, encauzar la marcha de su espíritu conforme a horas y estaciones.

Desean convertir al tiempo en un río y sentarse en sus riberas a contemplar su corriente.

Sin embargo, lo infinito que existe en ustedes conoce lo infinito de la vida.

Y sabe que el ayer no es sino el recuerdo del hoy, y el mañana el sueño del presente.

Y aquello que canta y contempla en ustedes, vive aún en los confines de aquel primer momento que esparció los astros del cielo.

Pero si en su pensamiento está que midan el tiempo por estaciones, dejen que cada estación envuelva a todas las demás.

Y permitan que el presente abrace al pasado con el recuerdo, y al futuro con vehemencia.

Gibrán Jalil Gibrán.

Confía en el tiempo: es el más sabio de todos los consejeros.

Plutarco.

LA GENTE

Cuando Confucio viajaba a Wei, lo llevó Jan Yu.

Confucio observó: —¡Qué población tan densa!

Jan Yu dijo: —La gente ha llegado a ser tan numerosa, ¿qué es lo próximo que debería hacerse para ellos?

Confucio le indicó: —¡Educarlos!

Jan Yu preguntó acerca de cómo debían gobernarse.

Confucio le dijo: —Los esenciales son alimento suficiente, tropas suficientes y la confianza del pueblo.

Jan Yu inquirió: —Supongo que fuera forzado a abandonar una de estas tres, ¿cuál dejaría ir?

Confucio dijo terminantemente: —¡El alimento!, ya que la gente sin fe no puede sobrevivir.

Anónimo.

Usted es tan joven como su fe,
tan viejo como su duda,
tan joven como su confianza en sí mismo,
tan viejo como sus temores,
tan joven como su esperanza,
tan viejo como su desesperación.

Douglas McArthur.

Cierta ocasión Martin Luther King se encontraba a punto de dar una de sus famosas conferencias acerca de los derechos humanos, cuando notó que un pequeño niño de color negro se encontraba al frente de su auditorio.

Se sintió sorprendido y preguntó a uno de sus ayudantes, al respecto, éste le indicó que había sido el primero en llegar.

Cuando terminó su discurso se soltaron globos de diferentes colores al cielo, los cuales el pequeño no dejaba de mirar. Esto llamó la atención de Martin Luther King, quien abrazándolo lo levantó en brazos.

El pequeño lo miró fijamente y le preguntó si los globos negros también volaban hacia el cielo, Martin lo vio dulcemente y le contestó:

Los globos no vuelan al cielo por el color que tengan, sino por lo que llevan dentro.

— ● —

El mayor obstáculo para la felicidad, es pensar que ésta no se encuentra en nuestro destino.

AGRADECIMIENTOS DEL ANCIANO

Gracias a quienes:

Entienden lo torpe de mi caminar y la poca firmeza de mi pulso.

Comprenden que ahora mis oídos se esfuerzan por escuchar lo que ellos dicen.

Se percatan de que mis ojos están empañados y mi sentido del humor limitado.

Disimulan cuando derramo el café sobre la mesa.

Se detienen a charlar conmigo por unos momentos.

Aceptan mis fallas de memoria y nunca me dicen, "eso ya lo dijiste".

Saben despertar recuerdos de un pasado feliz.

Me hacen saber que soy querido y respetado y que no estoy solo.

Comprenden lo difícil que es encontrar fuerzas para vivir con dignidad y me permiten esperar tranquilo el día de mi partida.

Anónimo.

— • —

Ama la naturaleza y se curará tu congoja; ama a los hombres y compartirán tus anhelos; ama a Dios y alumbrará tu espíritu.

YO NO SOY DEMASIADO SABIO

Yo no soy demasiado sabio para negarte,
Señor; encuentro lógica tu existencia Divina;
me basta con abrir los ojos para hallarte;
la creación entera me convida a adorarte,
y te adoro en la rosa y te adoro en la espina.

¿Qué son nuestras angustias para querer por
argüirte de cruel? ¿Sabemos, por ventura,
si tú con nuestras lágrimas fabricas las estrellas,
si los seres más altos, si las cosas más bellas
se amasan con el noble barro de la amargura?

Esperemos, suframos, no lancemos jamás
a lo invisible nuestra negación como un reto.
Pobre criatura triste, ¡ya verás, ya verás!
La muerte se aproxima... ¡De sus labios oirás
el celeste secreto!

Amado Nervo.

*Procura que el deseo de vivir sea más fuerte que el deseo de
recordar.*

Anónimo.

EL TIEMPO QUE LE QUEDA

Había una multitud en la sala de espera del médico. Un caballero ya anciano tocó y se enfrentó a la recepcionista.

—Señorita —dijo amablemente—, mi cita era para las diez de la mañana y ya casi son las once. No puedo esperar más. ¿Podría, por favor, darme una cita para otro día?

Una mujer de la multitud se reclinó hacia otra y le dijo:

—Ha de tener por lo menos ochenta y cinco años. ¿Qué clase de negocios urgentes puede tener que no puede esperar?

El anciano alcanzó a escuchar la murmuración hecha. Miró a la mujer, se inclinó y dijo:

—Tengo ochenta y siete años, señora, y esa es precisamente la razón por la que no puedo desperdiciar un solo minuto del valioso tiempo que me queda.

Anónimo.

Quizá uno de los más temibles pensamientos, el más temible acaso antes de morir, sea éste: ¡he vivido en vano!

Amado Nervo

ACEPTAR

Debo aprender a ACEPTAR los cambios que tiene la vida.

Hay días de sol y hay días nublados, lo sabio es ACEPTAR.

Me debo ACEPTAR como soy.

Debo ACEPTAR como son los demás, no queriéndolos cambiar.

Debo ACEPTAR a mi familia con todas las "fallas" que seguramente tiene.

Debo ACEPTAR mi trabajo, como es hoy.

Debo ACEPTAR a mis amigos.

Debo ACEPTAR las circunstancias, sabiendo que son cambiables.

Debo ACEPTAR la salud y también la enfermedad.

Debo ACEPTAR que todo en esta vida es prestado.

¡Y ENTONCES ENCONTRARE FELICIDAD!

Ana María Rabatte.

No recuerdes errores del pasado, vive el presente y serás feliz en el futuro.